5年

実力アップ

# 英語練習ノート

特別ふろく

ふろく英語カードの練習ができる！

年　　組　　名前

「英語練習ノート」はとりはずして使用できます。

Ⓑ

# 1 家族 ①

読みながらなぞって、もう１回書きましょう。

①

family

家族

family

r ではなく l だよ。

family

②

father

お父さん

father

father

③

mother

お母さん

mother

a ではなく o だよ。

mother

④

brother

お兄さん、弟

brother

brother

⑤

sister

お姉さん、妹

sister

a ではなく e だよ。

sister

●勉強した日　　月　　日

# 2 家族 ②／食べ物・飲み物 ①

読みながらなぞって、もう１回書きましょう。

⑥

grandfather
おじいさん

grandfather

a ではなく e だよ。

⑦

grandmother
おばあさん

grandmother

⑧
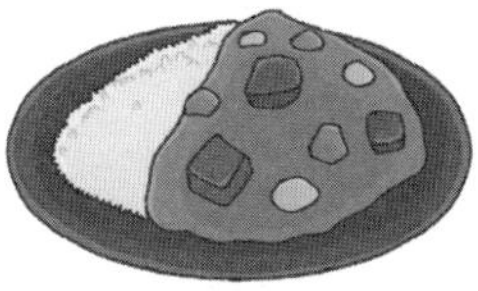
curry and rice
カレーライス

curry and rice

⑨

steak
ステーキ

steak

steak

⑩

hot dog
ホットドッグ

hot dog

間を少しあけるよ。

hot dog

●勉強した日　月　日

# 3 食べ物・飲み物 ②

読みながらなぞって、もう１回書きましょう。

⑪

spaghetti

スパゲッティ

spaghetti

h をわすれずに！

⑫

French fries

フライドポテト

French fries

⑬

fried chicken

フライドチキン

fried chicken

i ではなく e だよ。

⑭

grilled fish

焼き魚

grilled fish

⑮

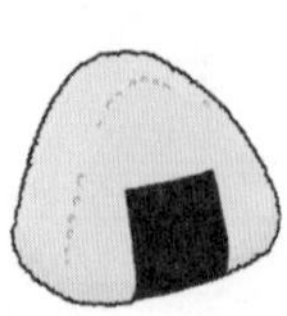

rice ball

おにぎり

rice ball

rice ball

●勉強した日　　月　　日

# 4 食べ物・飲み物 ③ / 楽器 ①

読みながらなぞって、もう１回書きましょう。

⑯

noodle
めん

noodle

o を２つ重ねるよ。

noodle

⑰

parfait
パフェ

parfait

e ではなく a だよ。

parfait

⑱

soda
ソーダ

soda

soda

⑲

piano
ピアノ

piano

piano

⑳

recorder
リコーダー

recorder

a ではなく e だよ。

# 5 楽器 ② / スポーツ ①

読みながらなぞって、もう１回書きましょう。

㉑

guitar
ギター

guitar

guitar

u をわすれずに！

㉒

violin
バイオリン

violin

violin

㉓

drum
太鼓（たいこ）

drum

drum

a ではなく u だよ。

㉔

sport
スポーツ

sport

sport

㉕

volleyball
バレーボール

volleyball

●勉強した日　　月　　日

# 6 スポーツ ② / 身の回りの物 ①

読みながらなぞって、もう 1 回書きましょう。

㉖

table tennis
卓球(たっきゅう)

table tennis

e ではなく a だよ。

㉗

badminton
バドミントン

badminton

㉘

dodgeball
ドッジボール

dodgeball

l を 2 つ重ねるよ。

㉙

basket
かご

basket

basket

㉚

map
地図

map

map

# 7 身の回りの物 ②

読みながらなぞって、もう１回書きましょう。

㉛

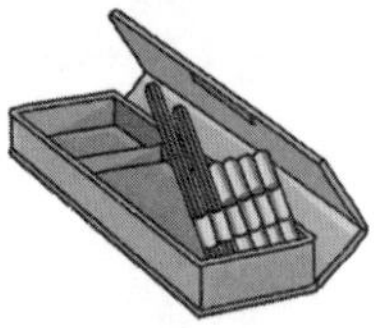

pencil case
筆箱

pencil case

k ではなく c だよ。

㉜

ball
ボール

ball

ball

㉝

glove
グローブ

glove

r ではなく l だよ。

glove

㉞

chair
いす

chair

chair

㉟

clock
かけ時計、置き時計

clock

clock

# 8 身の回りの物 ③ / 教科 ①

読みながらなぞって、もう 1 回書きましょう。

㊱

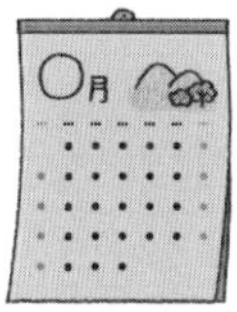

calendar
カレンダー

calendar

㊲

computer
コンピューター

computer

a ではなく e だよ。

㊳

sofa
ソファー

sofa

sofa

㊴

subjects
教科

subjects

subjects

㊵

Japanese
国語

Japanese

i ではなく e だよ。

# 9 教科 ②

読みながらなぞって、もう１回書きましょう。

㊶

math
算数

math

math

㊷

science
理科

science

c をわすれずに！

science

㊸

social studies
社会科

social studies

a ではなく u だよ。

㊹

English
英語

English

いつも大文字で始めるよ。

English

㊺

P.E.
体育

P.E.

P.E.

# 10 教科 ③

読みながらなぞって、もう１回書きましょう。

㊻

music

音楽

music

kではなくcだよ。

music

㊼

arts and crafts

図画工作

arts and crafts

㊽

home economics

家庭科

home economics

㊾

calligraphy

書写

calligraphy

lを２つ重ねるよ。

●勉強した日　　月　　日

# 11 曜日 ①

読みながらなぞって、もう1回書きましょう。

㊿ 

Sunday
日曜日

Sunday
aではなくuだよ。
Sunday

51 

Monday
月曜日

Monday
曜日は大文字で書き始めるよ。
Monday

52 

Tuesday
火曜日

Tuesday
eをわすれずに！
Tuesday

53 

Wednesday
水曜日

Wednesday

54 

Thursday
木曜日

Thursday
eではなくaだよ。

# 12 曜日 ② / 時を表すことば

読みながらなぞって、もう１回書きましょう。

55

Friday
金曜日

Friday
Friday

56

Saturday
土曜日

Saturday
a ではなく u だよ。

57
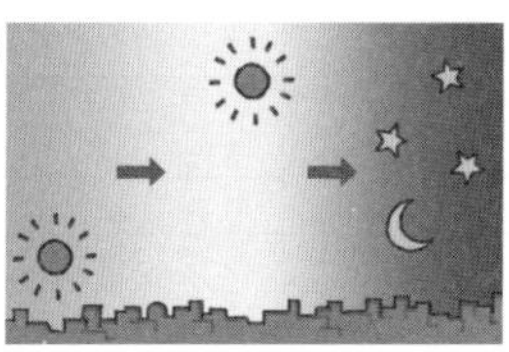

day
日、１日

day
day

58
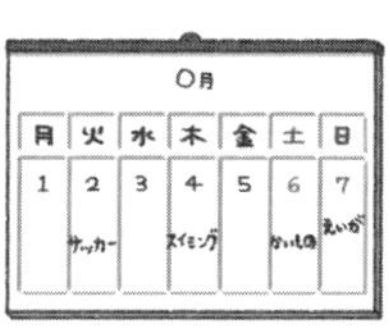


week
週

week
e を２つ重ねるよ。
week

59
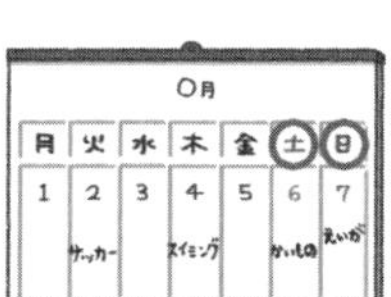


weekend
週末

weekend

# 13 季節

読みながらなぞって、もう１回書きましょう。

⑥⓪

season

季節

season

uではなくoだよ。

season

⑥①

spring

春

spring

spring

⑥②

summer

夏

summer

mを２つ重ねるよ。

summer

⑥③

fall

秋

fall

oではなくaだよ。

fall

⑥④

winter

冬

winter

winter

# 14 月 ①

読みながらなぞって、もう１回書きましょう。

㉟

January

１月

January

月は大文字で書き始めるよ。

January

㊱

February

２月

February

㊲

March

３月

March

March

㊳

April

４月

April

lで終わるよ。

April

●勉強した日　　月　　日

# 15 月 ②

読みながらなぞって、もう１回書きましょう。

⑥⑨

May

５月

May

eではなくaだよ。

May

⑦⓪

June

６月

June

June

⑦①

July

７月

July

rではなくlだよ。

July

⑦②

August

８月

August

August

# 16 月 ③

**読みながらなぞって、もう 1 回書きましょう。**

⑬

September

9 月

September

9 月から 12 月は ber で終わるよ。

⑭

October

10月

October

October

⑮

November

11 月

November

n ではなく m だよ。

⑯

December

12月

December

# 17 職業 ①

読みながらなぞって、もう１回書きましょう。

⑦⑦

teacher
先生

teacher
a をわすれずに！
teacher

⑦⑧

student
生徒、学生

student
student

⑦⑨

baseball player
野球選手

baseball player

⑧⓪

doctor
医者

doctor
a ではなく o だよ。
doctor

⑧①

nurse
看護師

nurse
nurse

# 18 職業（しょくぎょう） ②

読みながらなぞって、もう１回書きましょう。

⑧②

police officer
警察官（けいさつかん）

police officer

⑧③

fire fighter
消防士（しょうぼうし）

fire fighter

⑧④

florist
生花店の店員

florist
florist

⑧⑤

baker
パン焼き職人（しょくにん）

baker
erで終わるよ。
baker

⑧⑥

farmer
農場主

farmer
farmer

# 19 職業（しょくぎょう） ③

読みながらなぞって、もう 1 回書きましょう。

⑧⑦

bus driver
バスの運転手

bus driver

⑧⑧

pilot
パイロット

pilot
r ではなく l だよ。
pilot

⑧⑨

singer
歌手

singer
singer

⑨⓪

programmer
プログラマー

programmer

⑨①

actor
俳優（はいゆう）、役者

actor
a ではなく o だよ。
actor

# 20 施設(しせつ)・建物 ①

読みながらなぞって、もう１回書きましょう。

92

house
家

house

↑ a ではなく o だよ。

house

93

school
学校

school

↑ o を２つ重ねるよ。

school

94

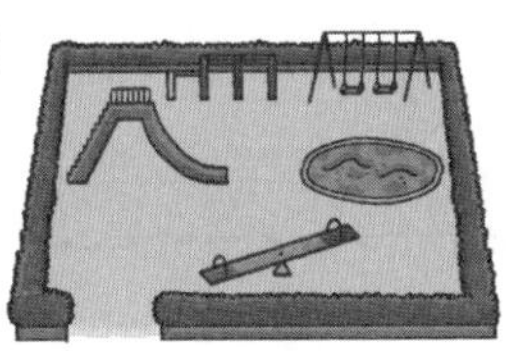

park
公園

park

park

95

shop
店

shop

shop

96

library
図書館

library

↑ r ではなく l だよ。

library

# 21 施設（しせつ）・建物 ②

読みながらなぞって、もう１回書きましょう。

97

gym
体育館

gym
iではなくyだよ。
gym

98

restaurant
レストラン

restaurant

99

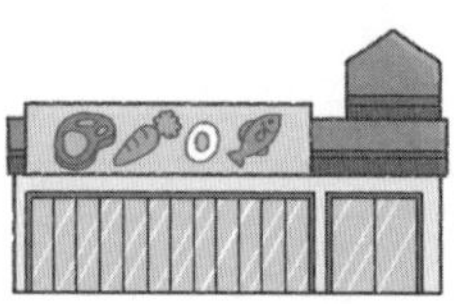

supermarket
スーパーマーケット

supermarket
aではなくeだよ。

100

station
駅

station
station

101

police station
警察署（けいさつしょ）

police station

# 22 施設(しせつ)・建物 ③

読みながらなぞって、もう 1 回書きましょう。

(102)
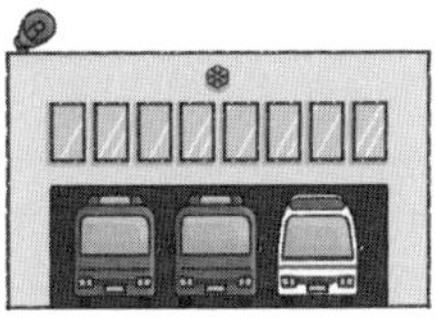

fire station
消防署(しょうぼうしょ)

fire station

e をわすれずに！

(103)

gas station
ガソリンスタンド

gas station

(104)
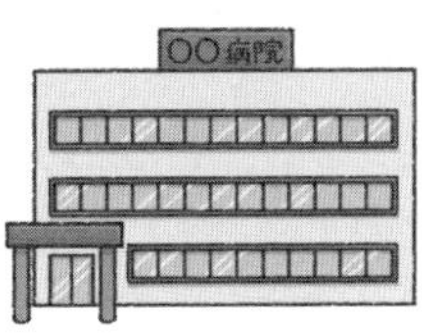


hospital
病院

hospital

hospital

(105)

museum
美術館(びじゅつかん)、博物館

museum

a ではなく u だよ。

museum

(106)

post office
郵便局(ゆうびんきょく)

post office

# 23 施設（しせつ）・建物 ④

読みながらなぞって、もう１回書きましょう。

⑩⑦

bus stop
バス停（てい）

bus stop

a ではなく u だよ。

⑩⑧

flower shop
生花店、花屋さん

flower shop

⑩⑨

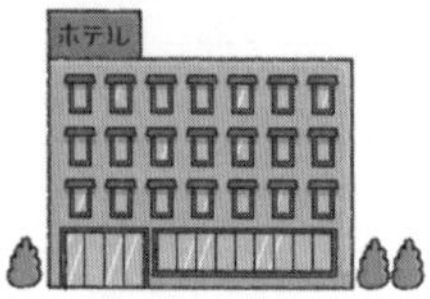


hotel
ホテル

hotel

hotel

⑪⓪

farm
農場

farm

r をわすれずに！

farm

# 24 様子・状態(じょうたい)を表すことば ①

読みながらなぞって、もう１回書きましょう。

⑪

big
大きい

big
big

⑫

small
小さい

small
lを２つ重ねるよ。
small

⑬

long
長い

long
long

⑭

short
短い

short
rをわすれずに！
short

# 25 様子・状態(じょうたい)を表すことば ②

読みながらなぞって、もう１回書きましょう。

⑪⑤

new
新しい

new
new

⑪⑥

old
古い

old
old

⑪⑦

kind
親切な

kind
kind

⑪⑧

cool
かっこいい

cool
oを２つ重ねるよ。
cool

⑪⑨

famous
有名な

famous
aではなくoだよ。
famous

# 26 様子・状態(じょうたい)を表すことば ③

読みながらなぞって、もう１回書きましょう。

⑳

strong

強い

strong

strong

㉑

active

活動的な

active

eをわすれずに！

active

㉒

smart

利口な

smart

smart

㉓

cute

かわいい

cute

oではなくeだよ。

cute

㉔

friendly

友好的な

friendly

rではなくlだよ。

friendly

●勉強した日　　月　　日

# 27 動作を表すことば ①

読みながらなぞって、もう１回書きましょう。

125

play

（スポーツなどを）する、演奏（えんそう）する

play

rではなくlだよ。

play

126

have

ある、持っている

have

have

127

like

好きである

like

like

128

want

ほしい

want

want

129

eat

食べる

eat

つづりのまちがいに気をつけよう。

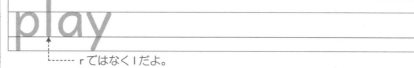

eat

# 28 動作を表すことば ②

読みながらなぞって、もう 1 回書きましょう。

⑬⓪

walk
歩く

walk

walk

⑬①

run
走る

run

a ではなく u だよ。

run

⑬②

jump
跳ぶ

jump

jump

⑬③

speak
話す

speak

speak

⑬④

see
見る、見える

see

e を 2 つ重ねるよ。

see

# 29 動作を表すことば ③

読みながらなぞって、もう１回書きましょう。

⑬⑤

sing
歌う

sing
sing

⑬⑥

dance
踊る（おど）

dance
sではなくcだよ。
dance

⑬⑦

cook
料理をする

cook
cook

⑬⑧

buy
買う

buy
aではなくuだよ。
buy

⑬⑨

help
手伝う

help
help

# 30 動作を表すことば ④ / 日課 ①

読みながらなぞって、もう１回書きましょう。

⑭⓪

ski

スキーをする

ski

ski

⑭①

skate

スケートをする

skate

eで終わるよ。

skate

⑭②

fly

飛ぶ

fly

fly

⑭③

get up

起きる

get up

間をあけるよ。

get up

⑭④

go to school

学校へ行く

go to school

# 31 日課 ②

読みながらなぞって、もう１回書きましょう。

145

go home
家へ帰る

go home

go home

146

do my homework
宿題をする

do my homework

u ではなく o だよ。

147

watch TV
テレビを見る

watch TV

148

take a bath
風呂(ふろ)に入る

take a bath

e で終わるよ。

149

go to bed
ねる

go to bed

わくわくポスター　英語 5年

# 町にあるもの・月と季節・日課・数

音声

教科書ワーク

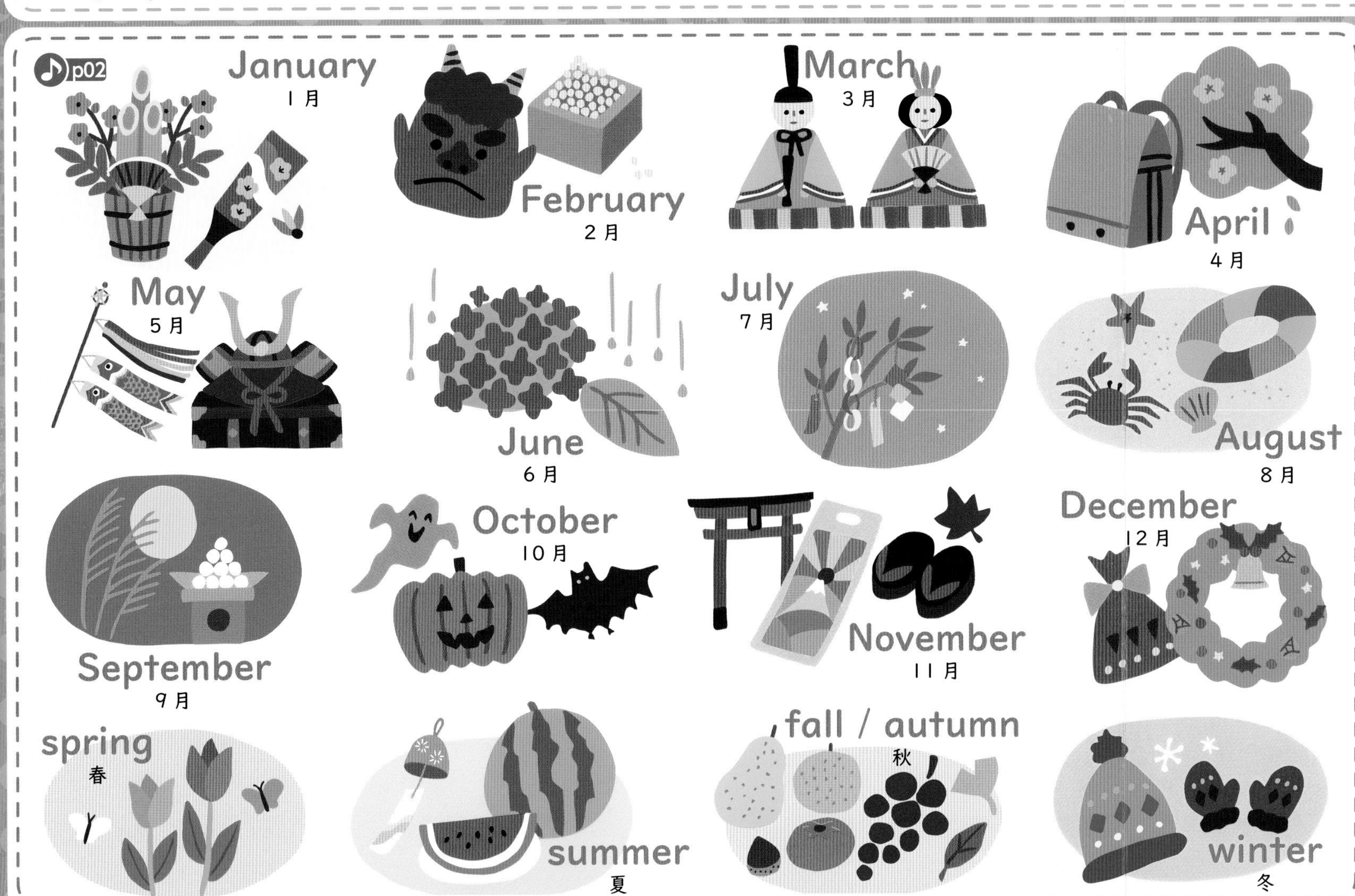

## Number

p04

1 one　2 two　3 three　4 four　5 five　6 six　7 seven　8 eight　9 nine　10 ten　11 eleven　12 twelve　13 thirteen　14 fourteen　15 fifteen　16 sixteen
17 seventeen　18 eighteen　19 nineteen　20 twenty　30 thirty　40 forty　50 fifty　60 sixty　70 seventy　80 eighty　90 ninety　91 ninety-one　92 ninety-two
93 ninety-three　94 ninety-four　95 ninety-five　96 ninety-six　97 ninety-seven　98 ninety-eight　99 ninety-nine　100 one hundred

教科書ワーク
わくわく英語カード
5年 1～76
スピーキングアプリ対応

教科書ワーク
わくわく英語カード
5年
77～156
スピーキングアプリ対応

## 使い方

❶切りはなして、リングなどでとじます。
❷音声に続けて言いましょう。音声はこちらから聞くことができます。
音声

❸日本語を見て英語を言いましょう。
英語がわかったら
覚えて何回も言えたら
かんぺきだと思ったら
それぞれのアイコンを丸で囲(かこ)みましょう。

1

家族

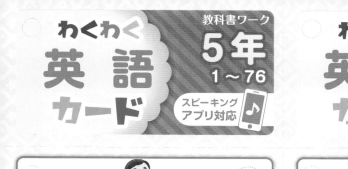

2

お父さん

3

お母さん

4

お兄さん、弟

5

お姉さん、妹

6

おじいさん

7

おばあさん

8
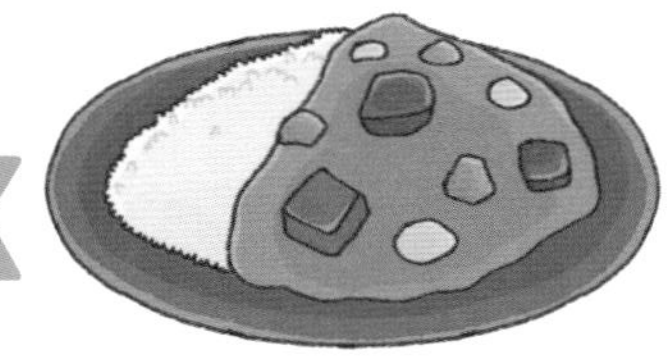
カレーライス

9

ステーキ

10

ホットドッグ

11

スパゲッティ

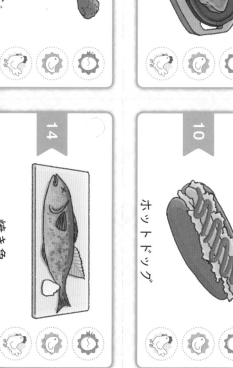

12

フライドポテト

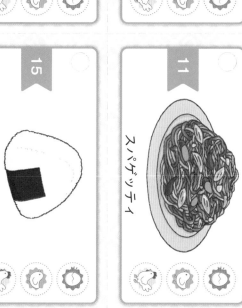

13
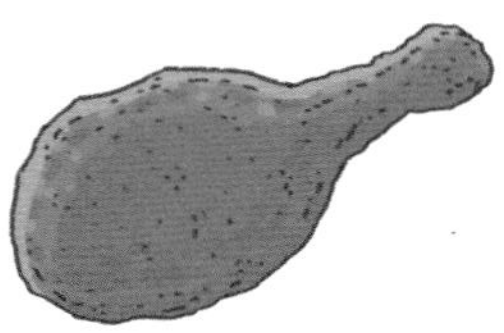
フライドチキン

14
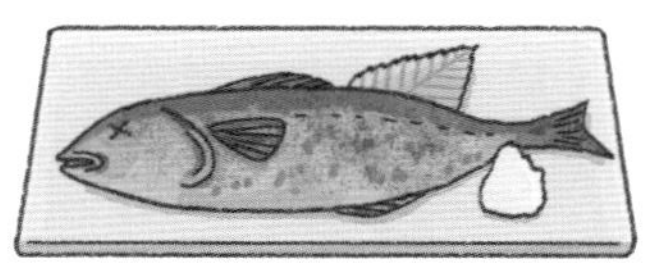
焼き魚

15
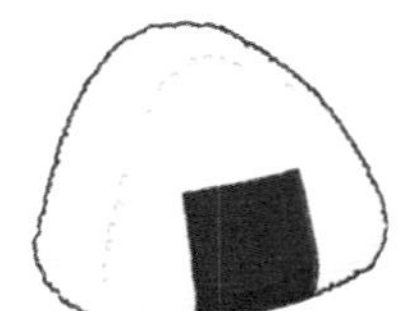
おにぎり

16

めん

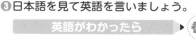

## 英語音声　もくじ



英数字は音声ファイル（MP3）のファイル名です。



うら面の英語を見て、
日本語を言えるかな？

教科書ワーク　英語　5年
付録　単語カード　1 ～ 76

付録のスピーキングアプリを
いっしょに使って、
発音の練習もしてみよう！

教科書ワーク　英語　5年
付録　単語カード　77 ～ 156

c01 1
**family**

c01 2
**father**
「両親」は parents と言うよ。

c01 3
**mother**

c01 4
**brother**

c01 5
**sister**

c01 6
**grandfather**
「祖父母（そふぼ）」は grandparents と言うよ。

c01 7
**grandmother**

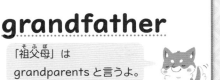

c02 8
**curry and rice**

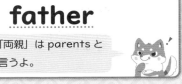

c02 9
**steak**
とくにビーフステーキのことを言うよ。

c02 10
**hot dog**

c02 11
**spaghetti**

c02 12
**French fries**
French は「フランスの」という意味だよ。

c02 13
**fried chicken**
fried は「(油で) あげた」という意味だよ。

c02 14
**grilled fish**

c02 15
**rice ball**

c02 16
**noodle**
ふつう noodles の形で使うよ。

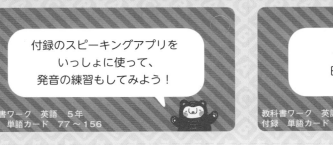

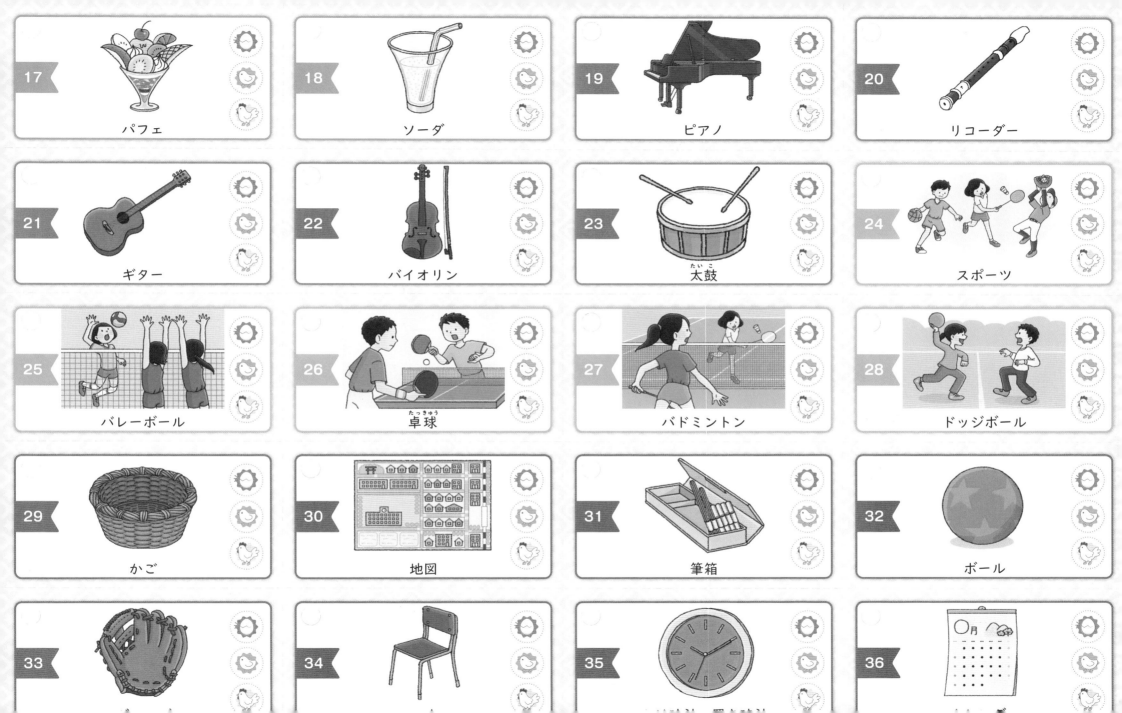

17

パフェ

18

ソーダ

19

ピアノ

20

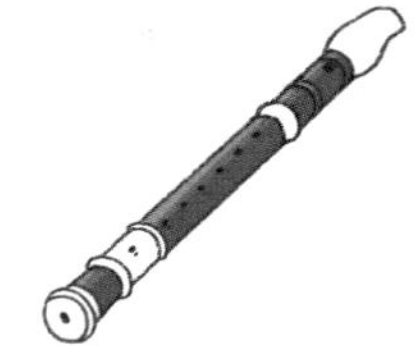

リコーダー

21

ギター

22

バイオリン

23

太鼓（たいこ）

24

スポーツ

25

バレーボール

26

卓球（たっきゅう）

27

バドミントン

28

ドッジボール

29

かご

30

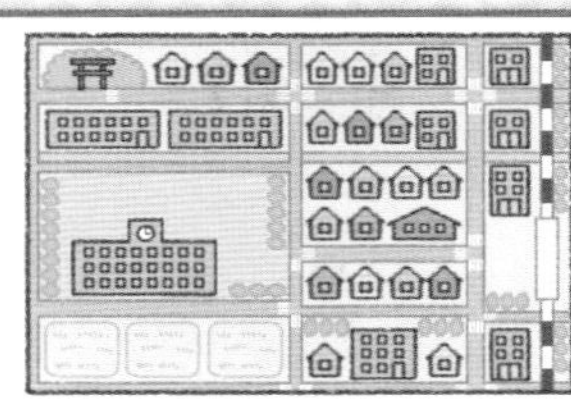

地図

31

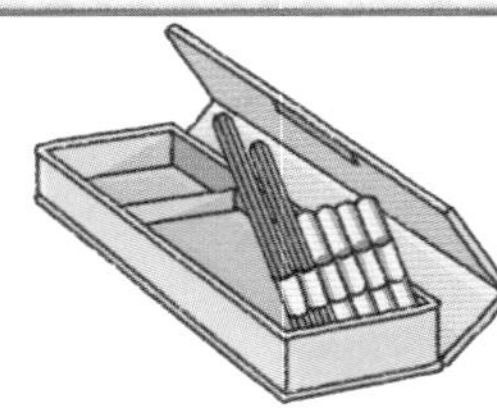

筆箱

32

ボール

33

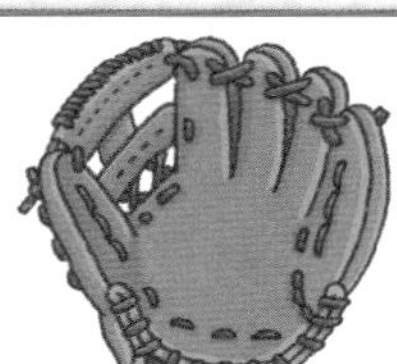

34

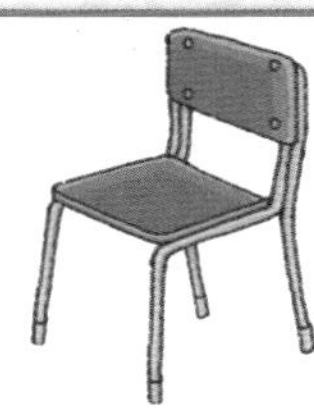

35

36

c03 **20** recorder

c03 **19** piano

c02 **18** soda

c02 **17** parfait

c04 **24** sport

c03 **23** drum

drums と複数形（ふくすうけい）にすると「ドラム」という意味だよ。

c03 **22** violin

c03 **21** guitar

c04 **28** dodgeball

c04 **27** badminton

c04 **26** table tennis

c04 **25** volleyball

c05 **32** ball

c05 **31** pencil case

c05 **30** map

c05 **29** basket

c05 **36** calendar

c05 **35** clock

「うで時計」は watch と言うよ。

c05 **34** chair

c05 **33** glove

「（1組の）手ぶくろ」は複数形の gloves だよ。

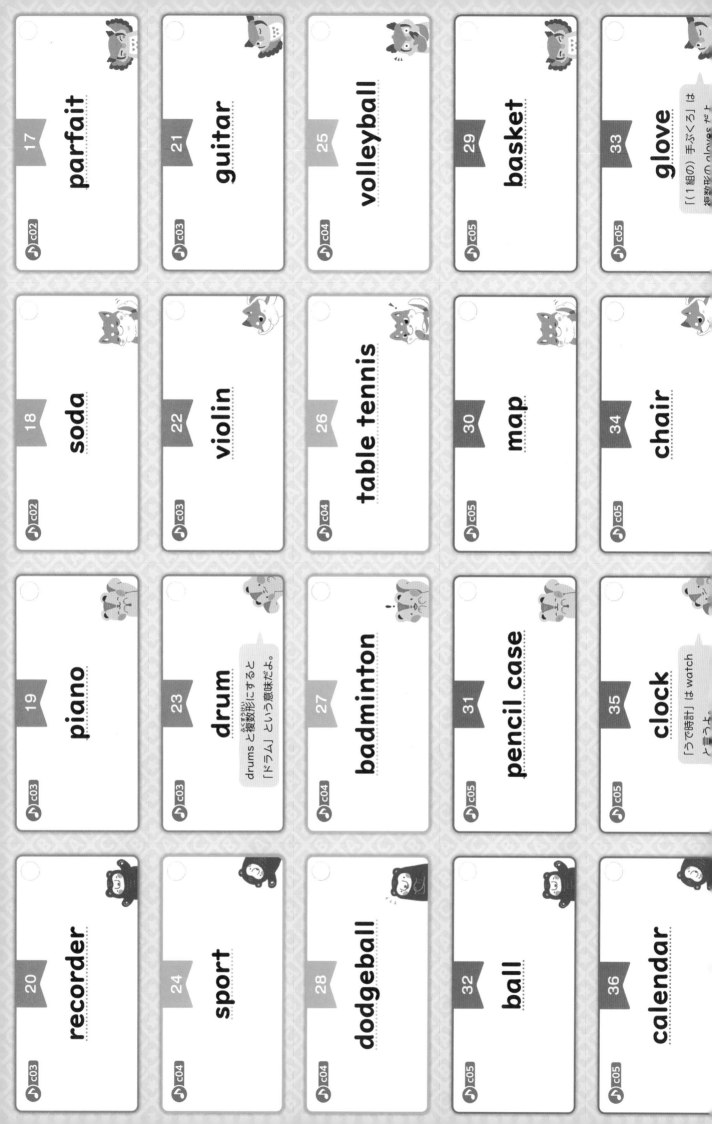

37

コンピューター

38

ソファー

39

教科

40

国語

41

算数

42

理科

43

社会科

44

英語

45

体育

46

音楽

47

図画工作

48

家庭科

49

書写

50

日曜日

51

月曜日

52

火曜日

53

54

55

56

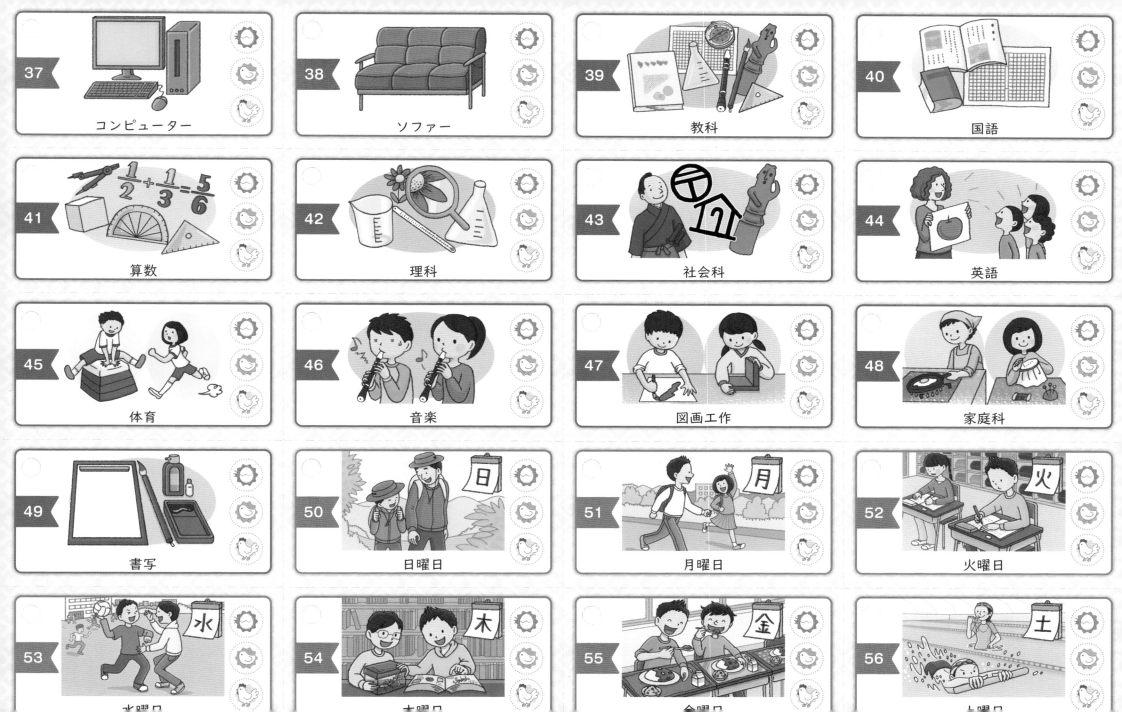

c05 37 **computer**

c05 38 **sofa**

c06 39 **subjects**

c06 40 **Japanese**

「日本人」「日本の」
という意味もあるよ。

c06 41 **math**

c06 42 **science**

c06 43 **social studies**

c06 44 **English**

c06 45 **P.E.**

c06 46 **music**

c06 47 **arts and crafts**

c06 48 **home economics**

c06 49 **calligraphy**

c07 50 **Sunday**

曜日はすべて大文字で
始まるよ。

c07 51 **Monday**

c07 52 **Tuesday**

c07 53 **Wednesday**

c07 54 **Thursday**

c07 55 **Friday**

c07 56 **Saturday**

57

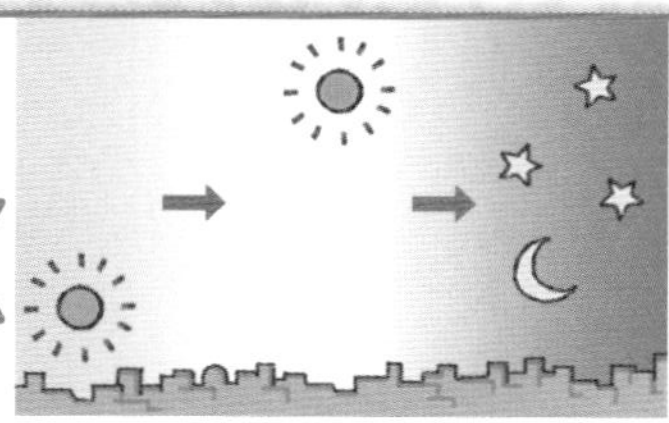

日、1日

58

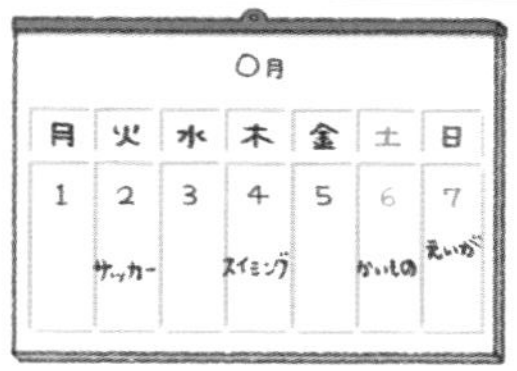


週

59

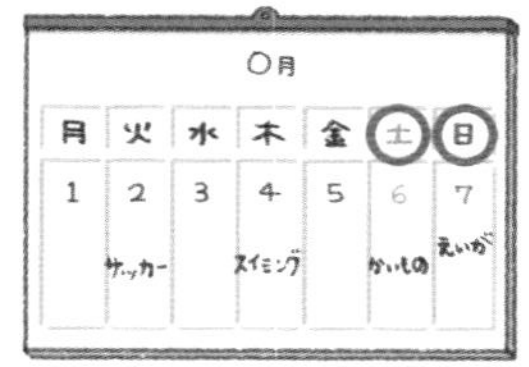


週末

60

季節

61

春

62

夏

63

秋

64

冬

65

1月

66

2月

67

3月

68

4月

69

5月

70

6月

71

7月

72

8月

73

74

75

76

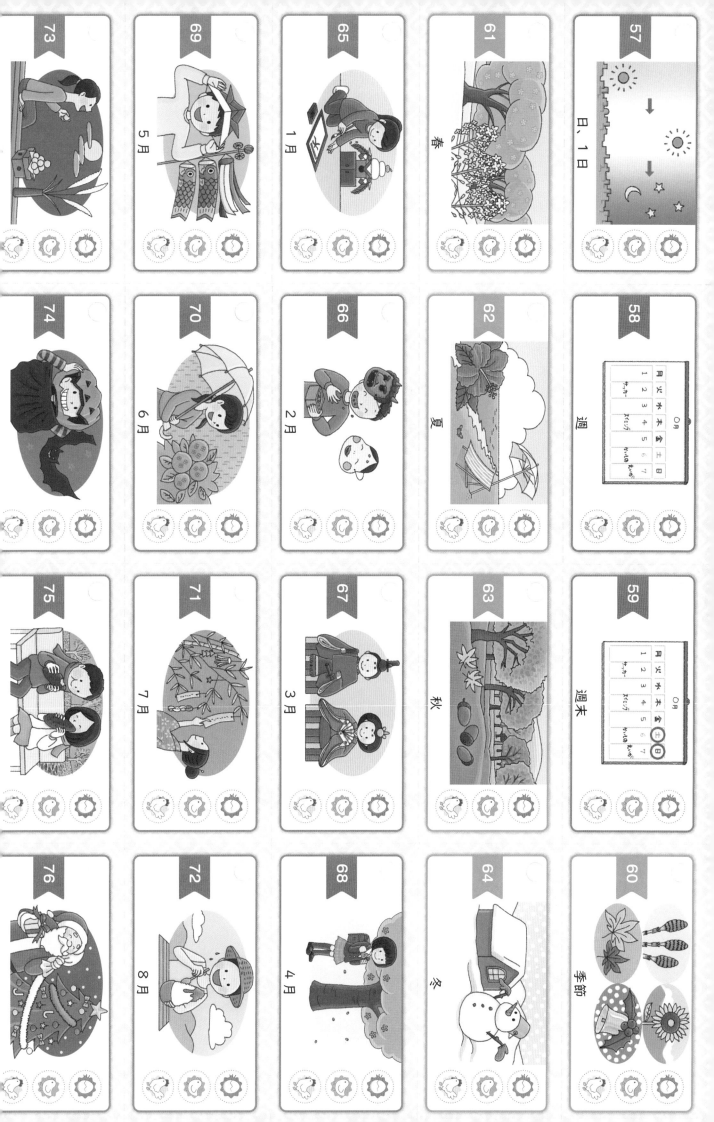

c07 57
**day**

c07 58
**week**

c07 59
**weekend**
「平日（月曜日～金曜日）」は weekday と言うよ。

c08 60
**season**
「四季」は four seasons と言うよ。

c08 61
**spring**

c08 62
**summer**

c08 63
**fall**
autumn という言い方もあるよ。

c08 64
**winter**

c09 65
**January**
月はすべて大文字で始まるよ。

c09 66
**February**

c09 67
**March**

c09 68
**April**

c09 69
**May**

c09 70
**June**

c09 71
**July**

c09 72
**August**

c09 73
**September**

c09 74
**October**

c09 75
**November**

c09 76
**December**

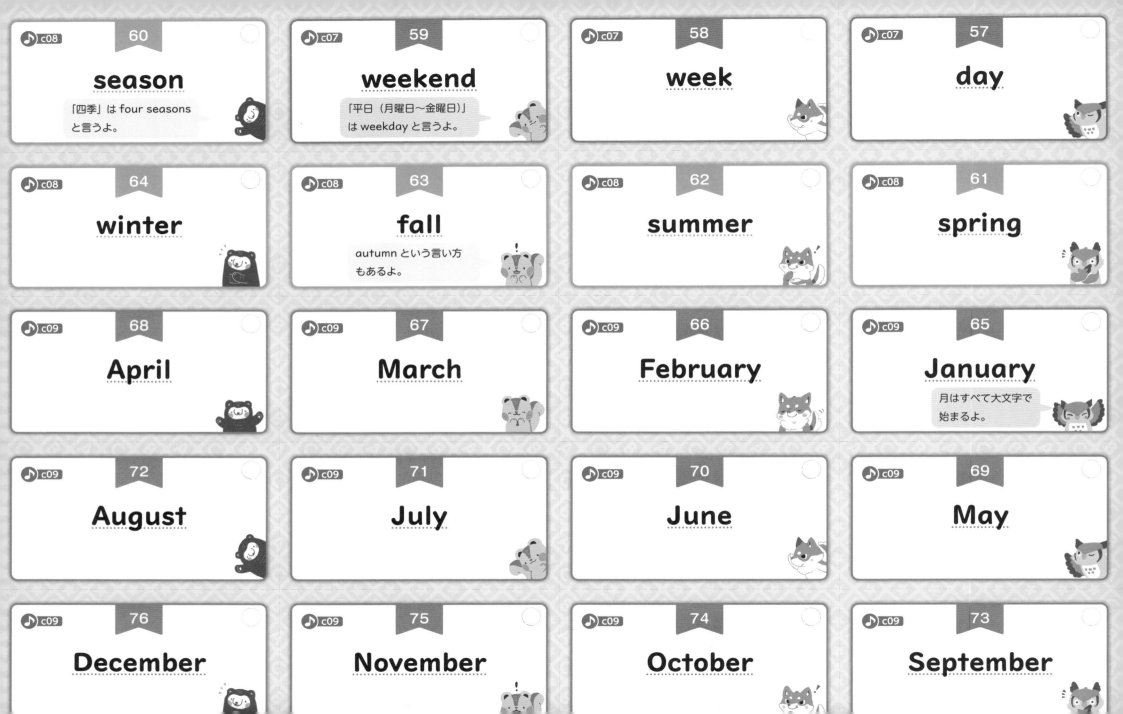

77

アメリカ

78

カナダ

79

中国

80

フランス

81

ドイツ

82

インド

83
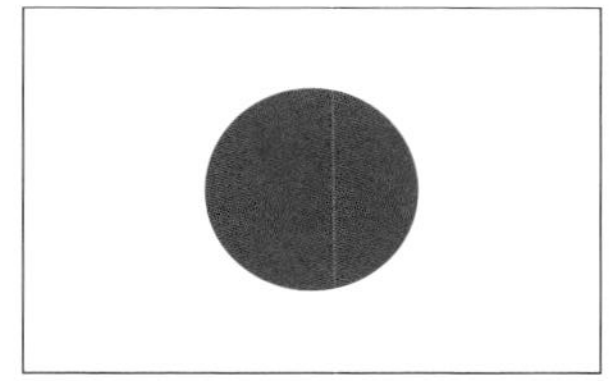
日本

84

先生

85

生徒、学生

86

野球選手

87

医者

88

看護師

89

警察官

90

消防士

91

生花店の店員

92

パン焼き職人

93

94

95

96

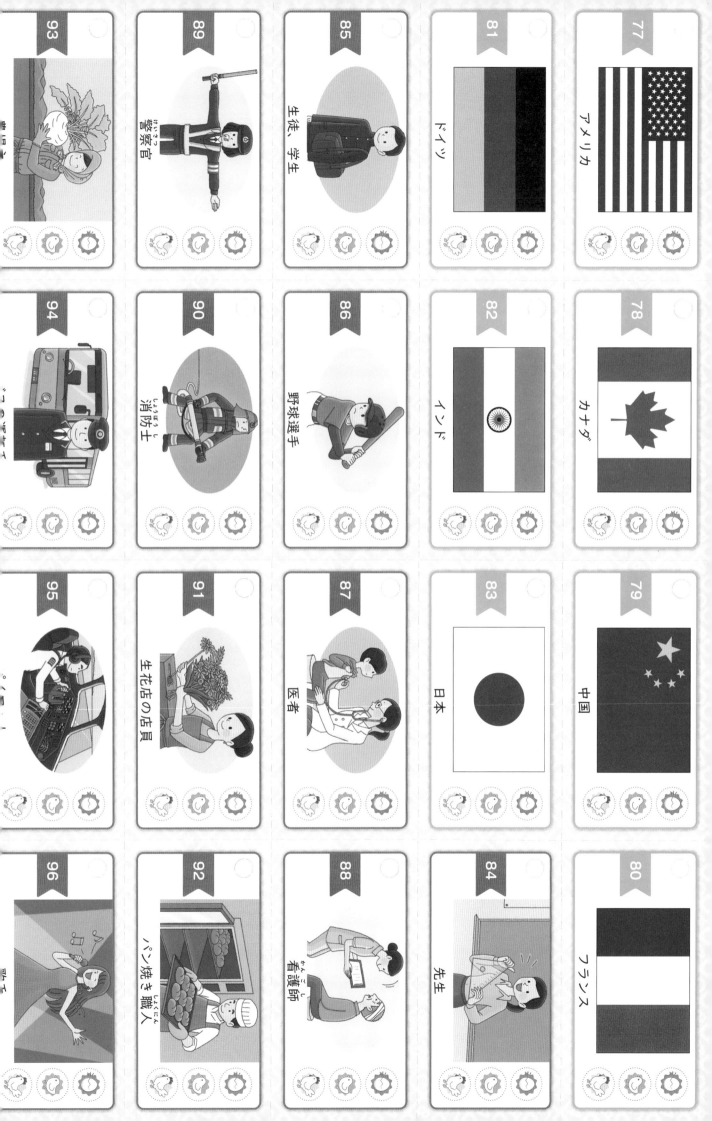

c10 77
**America**
the U.S. や the U.S.A. というよび方もあるよ。

c10 78
**Canada**

c10 79
**China**

c10 80
**France**

c10 81
**Germany**

c10 82
**India**

c10 83
**Japan**

c11 84
**teacher**

c11 85
**student**

c11 86
**baseball player**
player は「選手」という意味だよ。

c11 87
**doctor**

c11 88
**nurse**

c11 89
**police officer**

c11 90
**fire fighter**
firefighter と１語で表すこともあるよ。

c11 91
**florist**

c11 92
**baker**

c11 93
**farmer**

c11 94
**bus driver**

c11 95
**pilot**

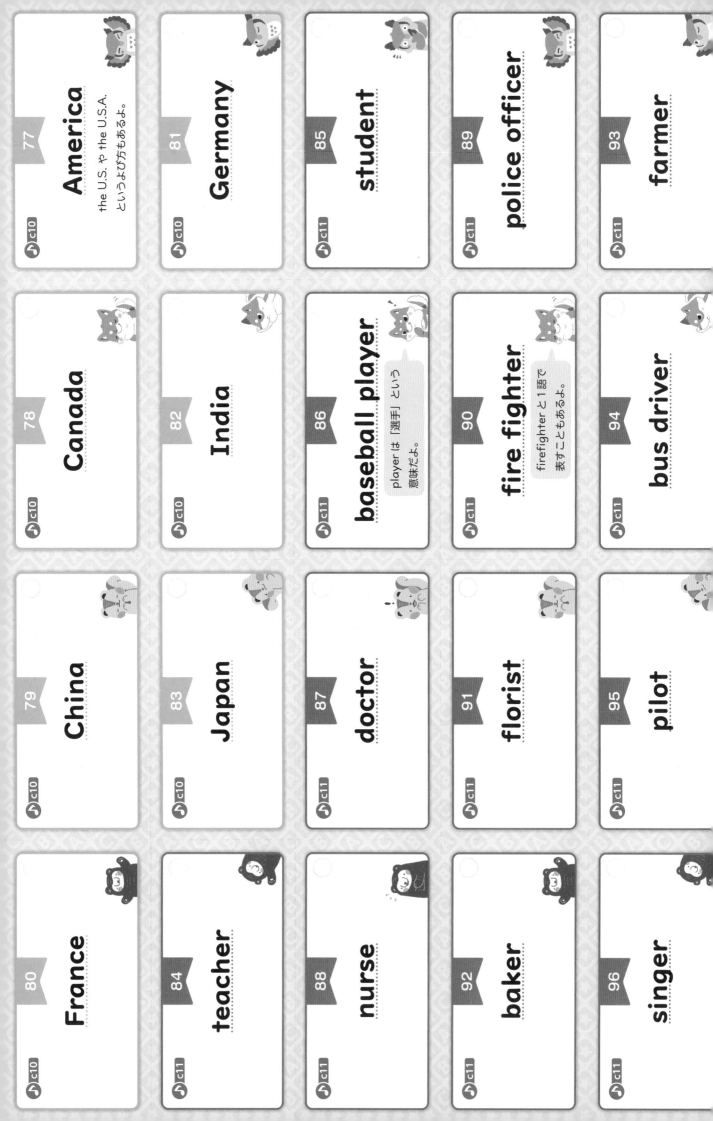

c11 96
**singer**

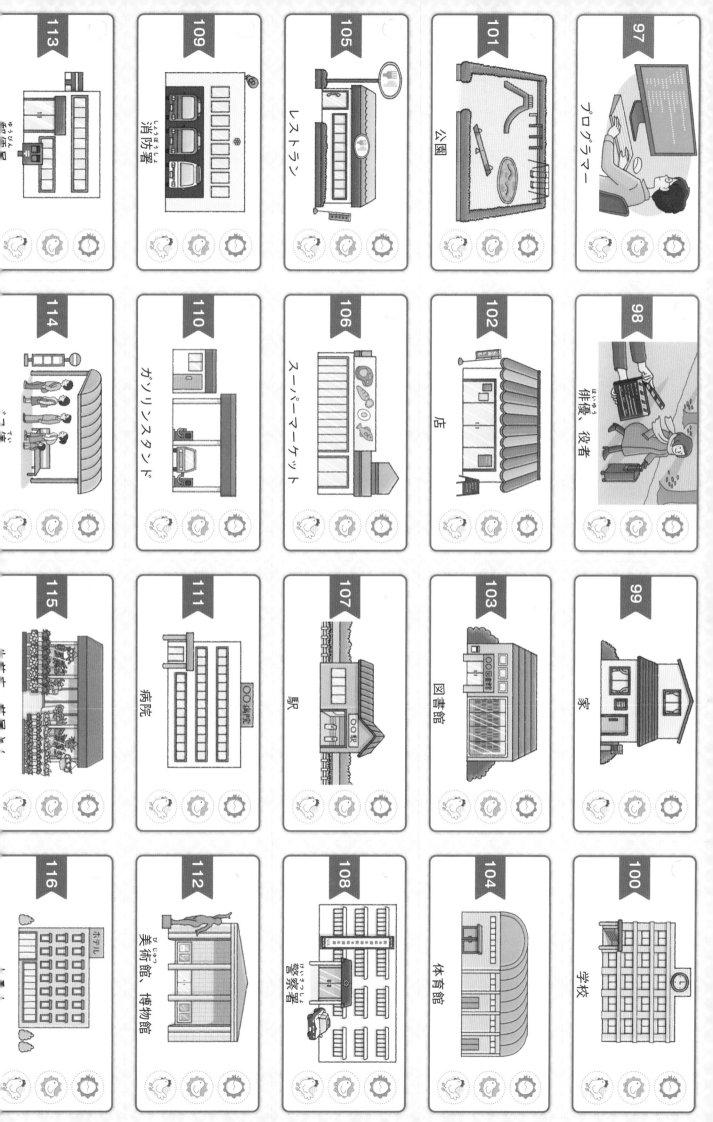

97

プログラマー

98

俳優(はいゆう)、役者

99

家

100

学校

101
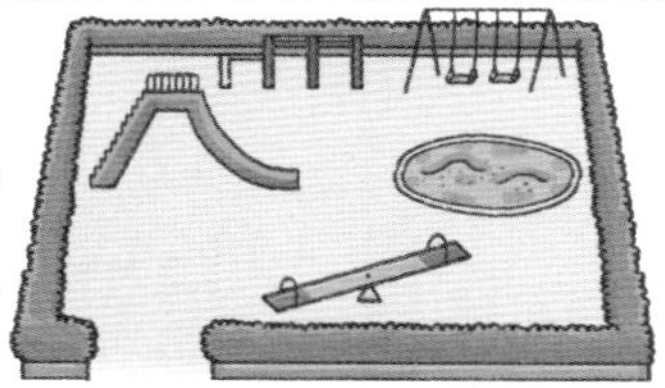
公園

102

店

103
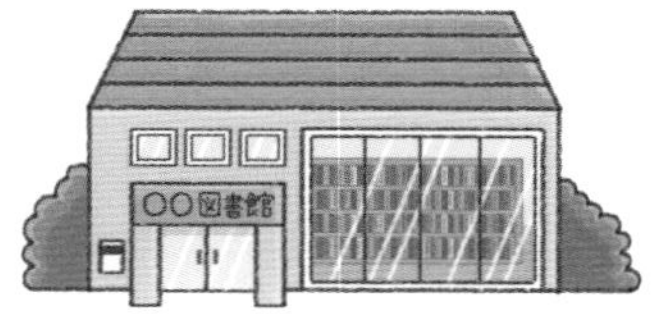

図書館

104
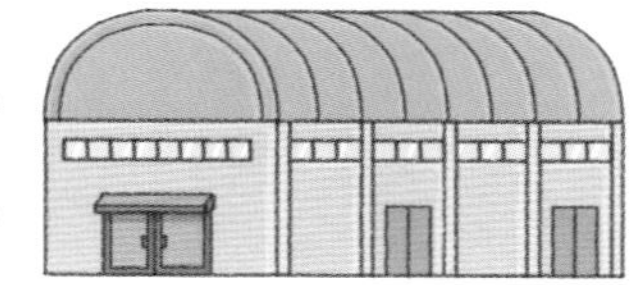
体育館

105
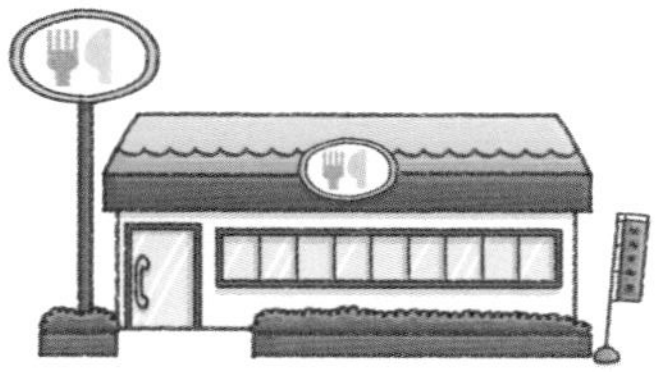
レストラン

106
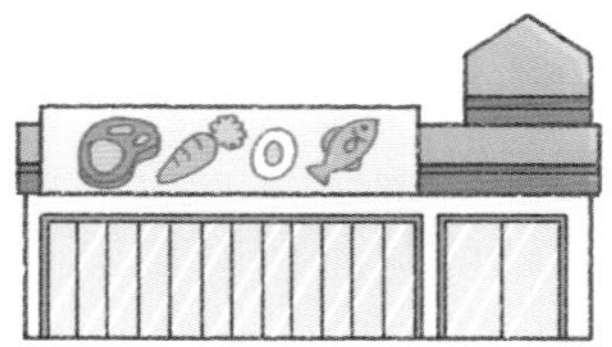
スーパーマーケット

107

駅

108

警察署(けいさつしょ)

109
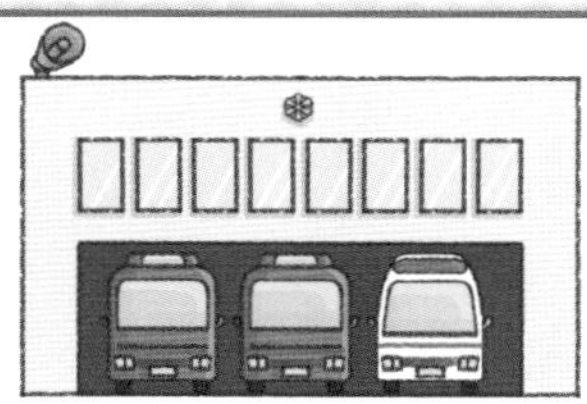
消防署(しょうぼうしょ)

110
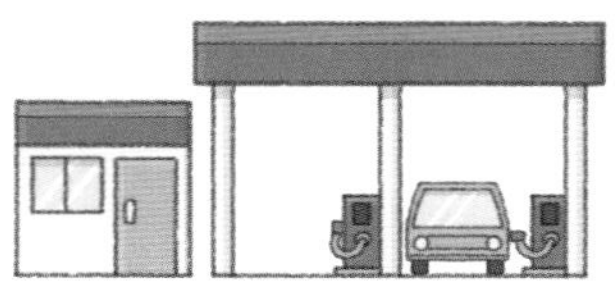
ガソリンスタンド

111
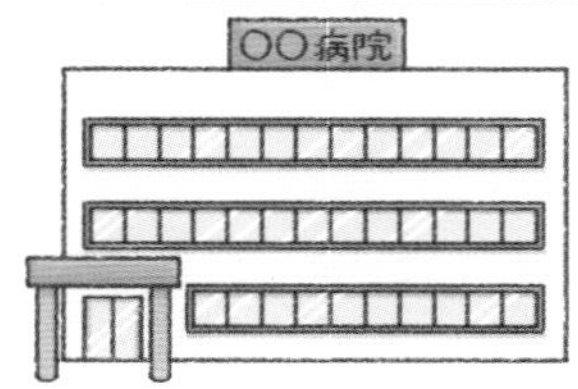

病院

112
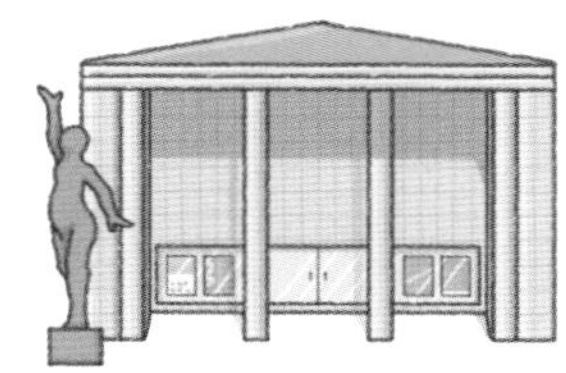
美術館(びじゅつかん)、博物館

113
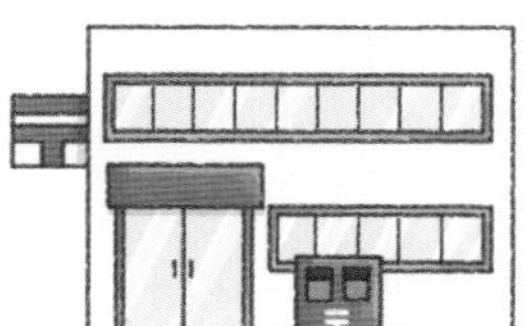

114

115

116
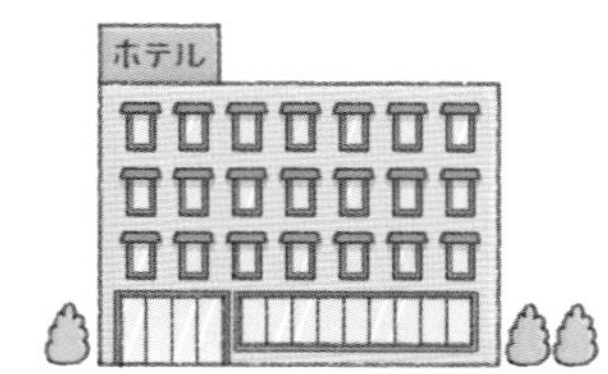

97 ♪c11
**programmer**

98 ♪c11
**actor**

99 ♪c12
**house**

100 ♪c12
**school**

101 ♪c12
**park**

102 ♪c12
**shop**
store という言い方
もあるよ。

103 ♪c12
**library**
「(学校の）図書室」も
library と言うよ。

104 ♪c12
**gym**

105 ♪c12
**restaurant**

106 ♪c12
**supermarket**

107 ♪c12
**station**

108 ♪c12
**police station**

109 ♪c12
**fire station**

110 ♪c12
**gas station**

111 ♪c12
**hospital**

112 ♪c12
**museum**
「美術館」は art museum
と言うこともあるよ。

113 ♪c12
**post office**

114 ♪c12
**bus stop**

115 ♪c12
**flower shop**

116 ♪c12
**hotel**

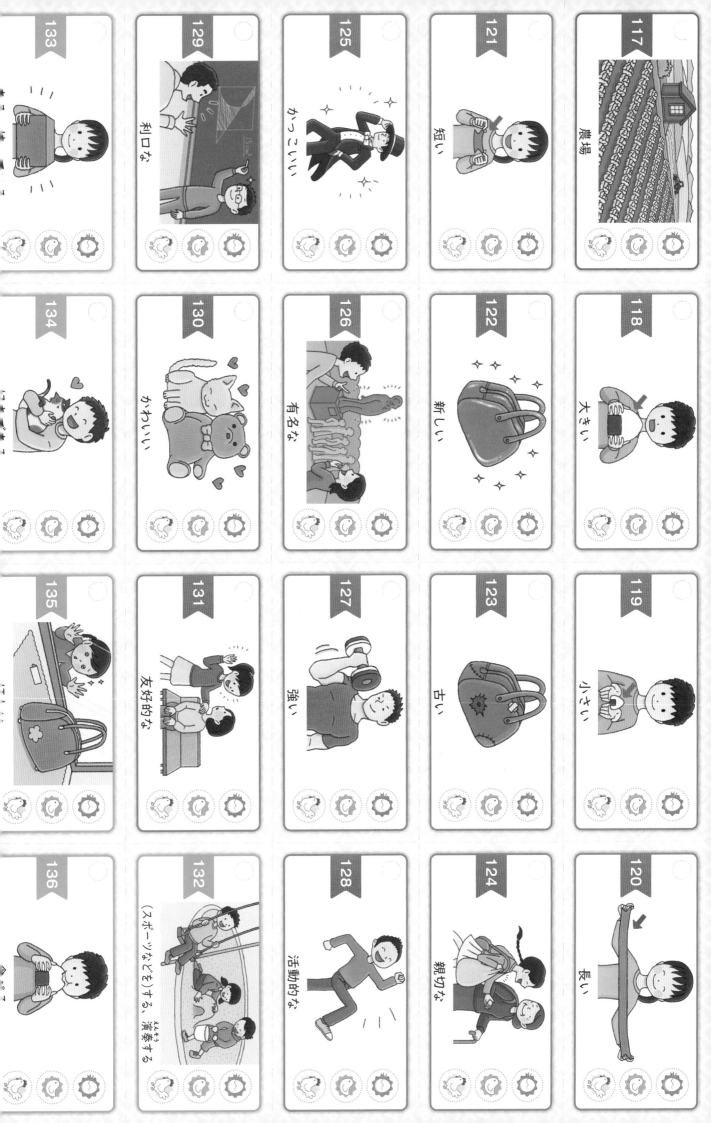

117

農場

118

大きい

119

小さい

120

長い

121

短い

122

新しい

123
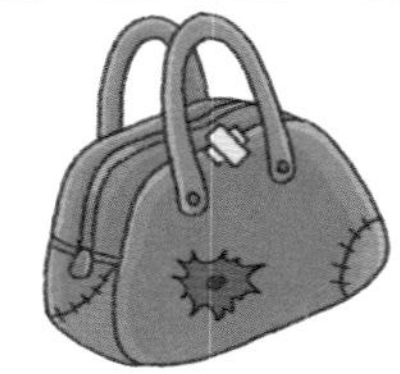
古い

124

親切な

125

かっこいい

126

有名な

127

強い

128

活動的な

129

利口な

130

かわいい

131

友好的な

132

(スポーツなどを)する、演奏する

133

134

135

136

c12 **117** farm

c13 **118** big

c13 **119** small

c13 **120** long

c13 **121** short

c13 **122** new

c13 **123** old

「年をとった」という意味もあるよ。「若い」はyoungだよ。

c13 **124** kind

c13 **125** cool

「すずしい」という意味もあるよ。

c13 **126** famous

c13 **127** strong

c13 **128** active

c13 **129** smart

c13 **130** cute

c13 **131** friendly

c14 **132** play

c14 **133** have

「食べる」という意味もあるよ。

c14 **134** like

c14 **135** want

c14 **136** eat

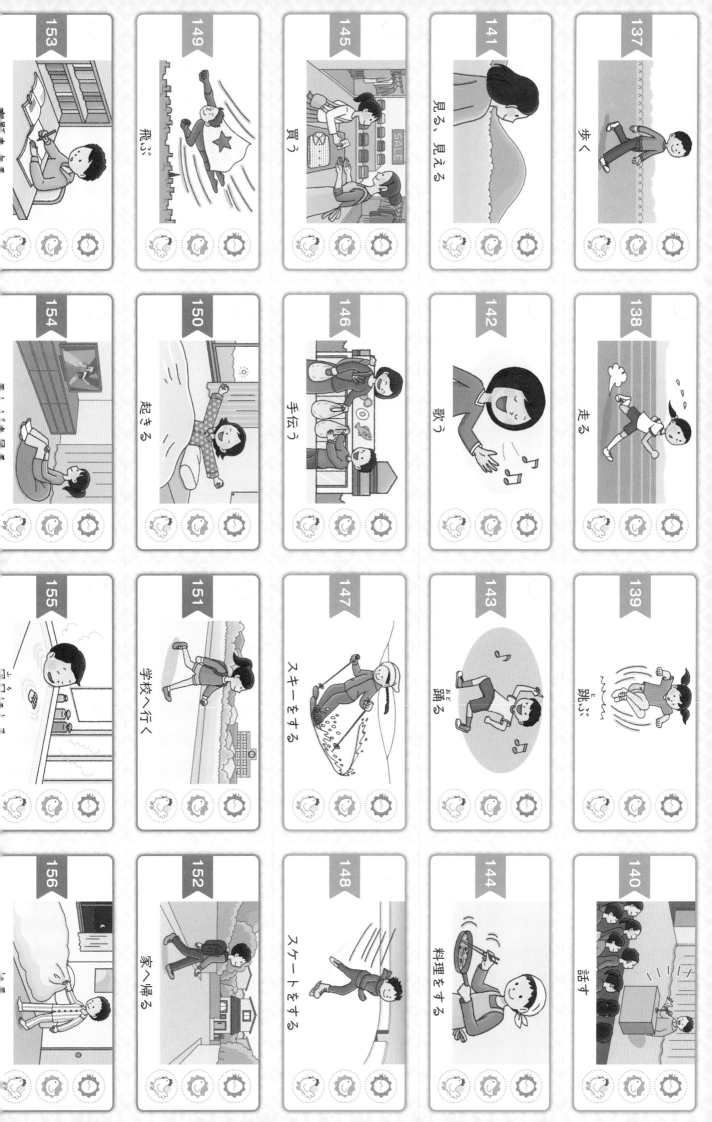

137

歩く

138

走る

139

跳ぶ

140

話す

141

見る、見える

142

歌う

143

踊る

144

料理をする

145

買う

146

手伝う

147

スキーをする

148

スケートをする

149

飛ぶ

150

起きる

151

学校へ行く

152

家へ帰る

153

154

155

156

137 c14
**walk**

138 c14
**run**

139 c14
**jump**

140 c14
**speak**
speak English で「英語を話す」だよ。

141 c14
**see**

142 c14
**sing**

143 c14
**dance**

144 c14
**cook**
「料理人」という意味もあるよ。

145 c14
**buy**

146 c14
**help**

147 c14
**ski**

148 c14
**skate**

149 c14
**fly**

150 c15
**get up**

151 c15
**go to school**

152 c15
**go home**

153 c15
**do my homework**

154 c15
**watch TV**

155 c15
**take a bath**

156 c15
**go to bed**

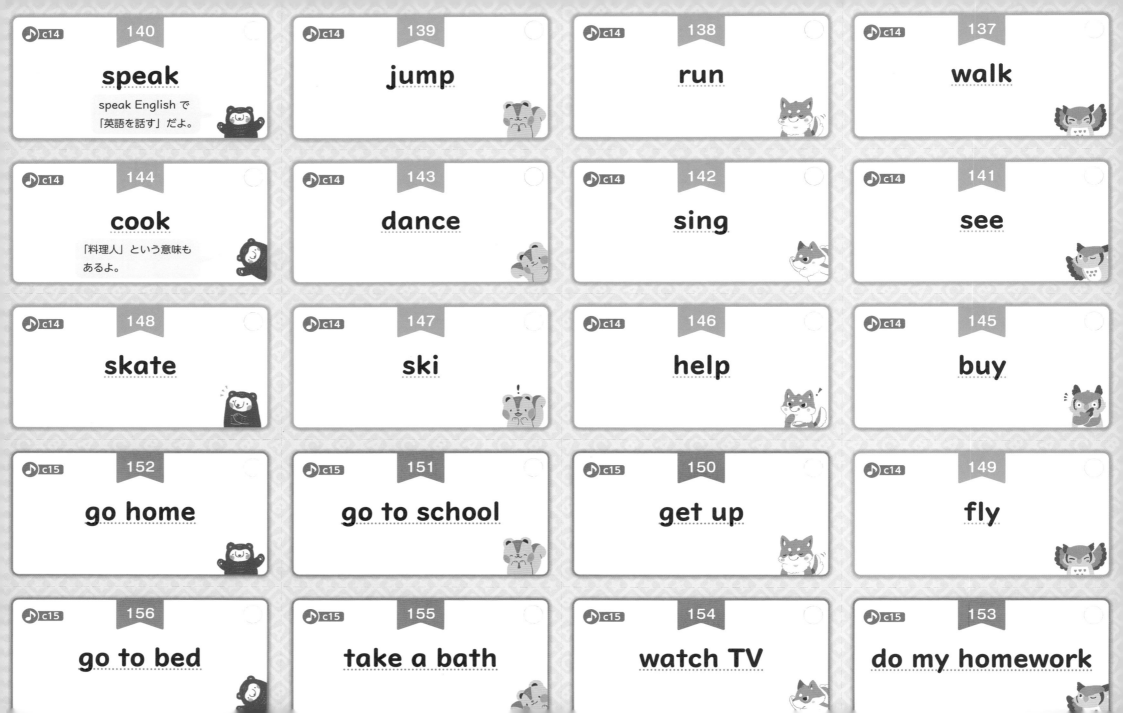

教科書ワーク
# もくじ

東京書籍版 **英語5年**



## 動画で復習&アプリで練習! 重要表現まるっと整理

# この本のくわしい使い方

小学教科書ワークでは 教科書内容の学習 ・ 重要単語の練習 ・ 重要表現のまとめ の3つの柱で小学校で習う英語を楽しくていねいに学習できます。ここではそれぞれの学習の流れを紹介します。

## 教科書内容の学習

### 1 基本のワーク

アレック Alec先生

QRコードを読み取ると音声が流れるよ！
リズムにあわせて楽しく練習！

ことば編

表現編

①新しく習う英語を音声に続いて大きな声で言おう。

- ことば編 では、その単元で学習する単語をリズムにあわせて音読するよ。
- 表現編 では、最初にふきだしの英語の音声を聞いて、その単元で学習する表現を確認するよ。
  次に「声に出して言ってみよう！」で ▭ のことばにいれかえてリズムにあわせて音読するよ。

②新しく習う表現についての説明を読もう。

③声に出して言えたら、□にチェックをつけよう。

## 重要単語の練習

### 1 わくわく英語カード

ことば編 の最後に、英語カードの対応番号が書いてあるよ！

英語カード 24 〜 28

各単元に関連する単語をいっしょに覚えよう！音声つき！

### 2 英語練習ノート

単語を書くとより定着するよ！



※QRコードは(株)デンソーウェーブの登録商標です。

英語音声の再生方法は5ページを見よう！

## 2 書いて練習のワーク　3 聞いて練習のワーク　4 まとめのテスト

QRコードから問題の音声が聞けるよ。

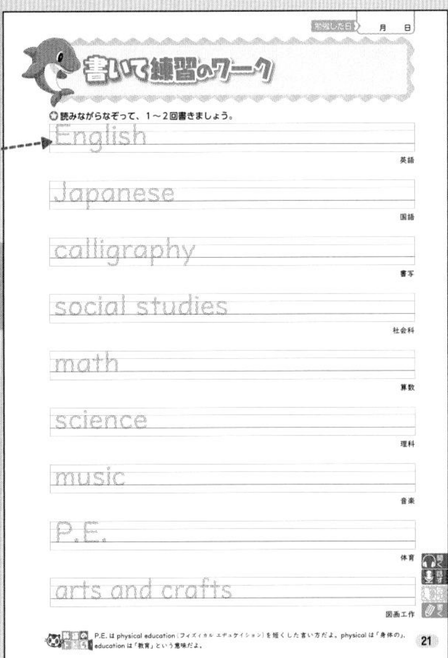


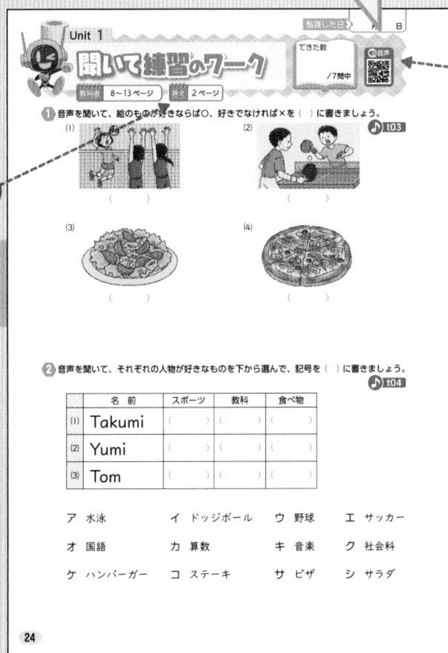

④新しく習ったことばや表現を書いて練習しよう。声に出して言いながら書くと効果的だよ。
⑤音声を聞いて問題に答えよう。聞きとれなかったら、もう一度聞いてもOK。
⑥解答集を見て答え合わせをしよう。読まれた音声も確認！
⑦確認問題にチャレンジ！問題をよく読もう。時間を計ってね。
⑧解答集を見て答え合わせをしよう。

## 3 単語リレー（実力判定テスト）やはつおん上達アプリおん達でアウトプット！

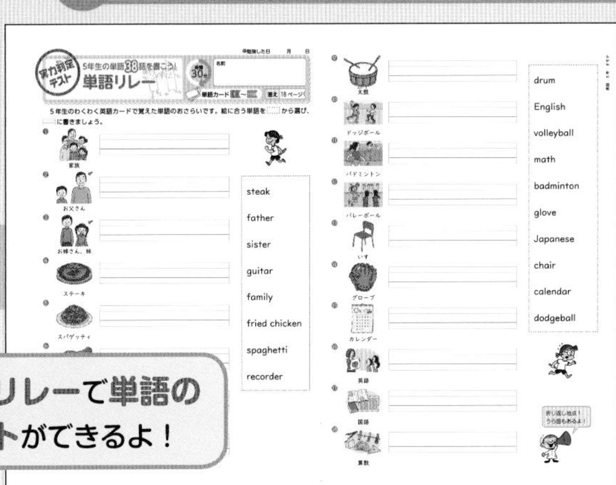


単語リレーで単語のテストができるよ！

おん達ではつおん練習ができるよ！

おん達の使い方・アクセスコードは4ページを見よう！

# 重要表現のまとめ

動画で復習&アプリで練習!
重要表現まるっと整理

QRコードを読み取ると
わくわく動画が見られるよ！

重要表現まるっと整理

勉強した日　月　日

第1回　はじめましてのあいさつ
重要表現まるっと整理

5-01　動画

アプリを使って会話の練習をしましょう。80点以上になるように何度も練習しましょう。

トレーニング　はじめましてのあいさつの表現を練習しましょう。___の部分をかえて練習しましょう。

s01

□① Hello, My name is Yuki.　こんにちは、わたしの名前はユキです。
・Keita ・Mary ・John

□② How do you spell your name?　あなたの名前はどのようにつづりますか。

□③ Y-U-K-I. Yuki.　Y、U、K、I。ユキです。
・K-E-I-T-A. Keita. ・M-A-R-Y. Mary. ・J-O-H-N. John.

何度も練習してね！

□④ Nice to meet you.　はじめまして。

□⑤ Nice to meet you, too.　こちらこそ、はじめまして。

チャレンジ　はじめましてのあいさつの会話を練習しましょう。

s02

Hello. My name is Yuki.
How do you spell your name?
Y-U-K-I. Yuki.
Nice to meet you, too.
Nice to meet you.

114

## わくわく動画

リズムにあわせて表現の復習！

自己表現の練習も！

発音上達アプリおん達
にも対応しているよ。

「重要表現まるっと整理」は
113ページからはじまるよ。

最後にまとめとして使って
も良いし、日ごろの学習に
プラスしても良いね！

## アプリ・音声について

この本のふろくのすべてのアクセスコードは E3JGCF8a です。

### ★文理のはつおん上達アプリ　おん達

- 「重要表現まるっと整理」と「わくわく英語カード」の発話練習ができます。
- お手本の音声を聞いて、自分の発音をふきこむとAIが点数をつけます。
- 何度も練習し、高得点を目ざしましょう。
- 右のQRコードからダウンロードページへアクセスし、上記のアクセスコードを入力してください。
- アクセスコード入力時から15か月間ご利用になれます。
- 【推奨環境】スマートフォン、タブレット等(iOS11以上、Android8.0以上)

おん達
ダウンロード

※音声配信サービスおよび「おん達」は無料ですが、別途各通信会社の通信料がかかります。
※お客様のネット環境および端末によりご利用いただけない場合がございます。ご理解、ご了承いただきますよう、お願いいたします。

# 実力判定テスト

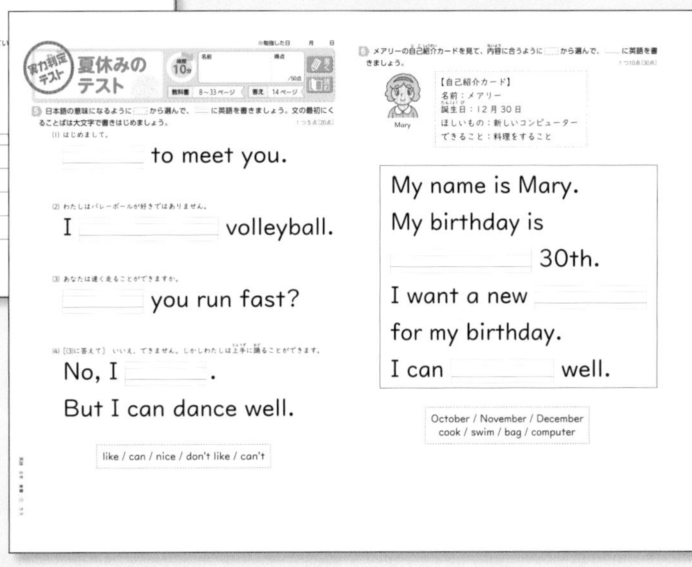


夏休みのテスト・冬休みのテスト・
学年末のテスト全3回分と、
単語リレー1回分がついています。

本番のテストに近いサイズでテスト対策！

## CBT(Computer Based Testing)

### ◆CBTの使い方

❶BUNRI-CBT(https://b-cbt.bunri.jp)にPC・タブレットでアクセス。

❷ログインして、4ページのアクセスコードを入力。

WEB上のテストにちょうせん。
成績表で苦手チェック！

## 英語音声の再生方法

●英語音声があるものには ♪a01 がついています。音声は以下の3つの方法で再生することができます。

①QRコードを読み取る：
各単元の冒頭についている音声QRコードを読み取ってください。

②音声配信サービスonhaiから再生する：
WEBサイト https://listening.bunri.co.jp/へアクセスしてください。

③音声をダウンロードする：
文理ホームページよりダウンロードも可能です。
URL　https://portal.bunri.jp/b-desk/e3jgcf8a.html

②・③では4ページのアクセスコードを入力してください。

※本体、ふろくの国旗イラストのたてと横の比率は、国際連合で使用している2:3になっています。

# アルファベット 大文字

A  B  C D E

F G  H  I J

K  L M  N

O  P  Q R

S T  U V W 

X  Y Z 

## 小文字

リズムに合わせて、声に出して言いましょう。 言えたらチェック □□□

音声 a01

a b  c d  e

f  g h  i  j

k l 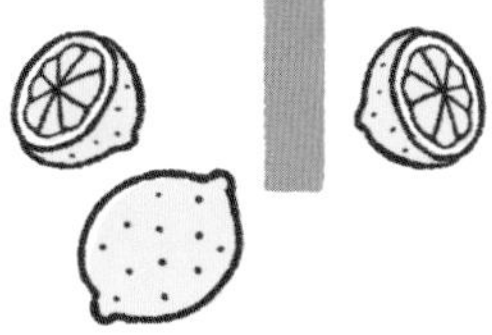 m  n

o  p  q 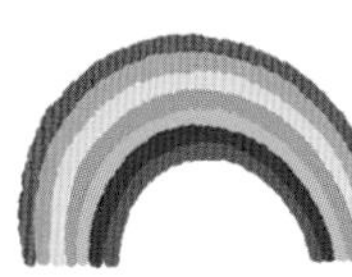 r

s t  u  v w

x  y z 

# アルファベットを書こう

読みながらなぞって、もう１回書きましょう。

※書き順は一つの例です。

**大文字**

●…書き出し

A A　B B　C C

D D　E E　F F

G G　H H　I I

J J　K K　L L

M M　N N　O O

P P　Q Q　R R

S S　T T　U U

V V　W W　X X

Y Y　Z Z

形や高さに注意して
書いてみよう！

小文字

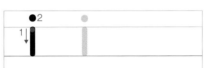

a a

b b

c c

d d

e e

f f

g g

h h

i i

j j

k k

l l

m m

n n

o o

p p

q q

r r

s s

t t

u u

v v

w w

x x

y y

z z

全部書けた
かな？

# 日常生活での表現

音声 ♪a02

✪ 日常生活で使う英語を覚えましょう。

## ✿ あいさつ

| | | |
|---|---|---|
| 朝 | Good morning. | おはよう。 |
| 昼 | Good afternoon. | こんにちは。 |
| 別れ | Goodbye. / See you. | さようなら。 |
| | See you next week. | また来週。 |
| 一日中 | Hello. / Hi. | こんにちは。/ やあ。 |

## ✿ お礼を言う

Thank you very much. どうもありがとう。

— You're welcome. —どういたしまして。

## ✿ さそう

Let's play dodgeball. ドッジボールをしましょう。

— Yes, let's. / Sorry. —はい、しましょう。/ ごめんなさい。

## ✿ 気分をたずねる

How are you? — I'm fine. / I'm sleepy.

ごきげんいかがですか。 —元気です。 ねむいです。

## ✿ 天気をたずねる

How is the weather? — It's sunny. / It's rainy.

天気はどうですか。 —晴れです。 雨がふっています。

## ✿ 好きな色をたずねる

What color do you like? — I like blue. / I like pink.

何の色が好きですか。 —青が好きです。 ももが好きです。

# 教室で使う英語

音声

♪ a03

✪ 教室で使う英語を覚えましょう。

●先生から

**Stand up.**
立ってください。

**Sit down.**
すわってください。

**Come here.**
こちらへ来てください。

**Go back to your seat.**
席にもどってください。

**Open your textbook.**
教科書を開いてください。

**Listen to me carefully.**
話をよく聞いてください。

**Repeat after me.**
あとについて言ってください。

**It's your turn.**
あなたの番です。

**Make groups of four.**
４人組を作ってください。

●先生へ

**Time's up.**
終わりの時間です。

**Pardon?**
もう一度言ってください。

**I have a question.**
質問（しつもん）があります。

勉強した日　月　日

## Hello, friends! ①—1
# 基本のワーク

学習の目標
英語で名前を言ったり、あいさつしたりできるようになりましょう。

音声

♪ a04　教科書　8〜13ページ

## 1 名前のたずね方と答え方

言えたらチェック

相手の名前をたずねるときは、**What's your name?**（あなたの名前は何ですか）と言います。

答えるときは、**My name is 〜.**（わたしの名前は〜です）と言います。「〜」に名前が入ります。

**声に出して言ってみよう**　□に入ることばを入れかえて言いましょう。

たずね方　**What's your name?**

答え方　**My name is** Sakura**.**

・Takumi　・Yuki　・Kenta

**ちょこっとプラス**
I は「わたしは」「ぼくは」という意味で、いつも大文字で表します。
what's は what［(フ)ワット］is を短くした言い方です。

## 2 はじめて会う人とのあいさつ

言えたらチェック

「はじめまして」は、**Nice to meet you.** と言います。

相手から言われたときは、**Nice to meet you, too.**（こちらこそ、はじめまして）と言います。

**声に出して言ってみよう**　次の英語を言いましょう。

**Nice to meet you.**
**— Nice to meet you, too.**

**表現べんり帳**
Nice to meet you, Ken.（はじめまして、ケン）のように相手の名前をつけて言うとよいです。

**ステップアップ**　自分の名前を伝えるときは My name is 〜. と言いますが、この他に I'm 〜.（わたしは〜です）のような言い方もあります。例 I'm Takumi. わたしはタクミです。

# 書いて練習のワーク

✪読みながらなぞって、もう１回書きましょう。

What's your name?

あなたの名前は何ですか。

My name is Sakura.

わたしの名前はサクラです。

What's your name?

あなたの名前は何ですか。

My name is Takumi.

わたしの名前はタクミです。

Nice to meet you.

はじめまして。

Nice to meet you, too.

こちらこそ、はじめまして。



英語のトビラ！　英語で日本人の姓名を言うときは、「姓 ＋ 名」の順で表すよ。ローマ字で書くとき、姓と名をはっきり区別するために、姓をすべて大文字で書いたり、姓と名の間にコンマ（,）を入れたりすることもあるよ。

勉強した日　月　日

# Hello, friends! ① — 2
# 基本のワーク

**学習の目標**
英語で名前のつづりをたずねたり、答えたりできるようになりましょう。

音声

♪ a05　教科書　8～13ページ

## 1 名前のつづりのたずね方

言えたらチェック

How do you spell your name?
あなたの名前はどのようにつづりますか。

✿英単語の文字（アルファベット）のならびのことをつづりと言います。
✿相手の名前のつづりをたずねるときは、**How do you spell your name?**（あなたの名前はどのようにつづりますか）と言います。

**声に出して言ってみよう**　次の英語を言いましょう。

たずね方　**How do you spell your name?**

**ちょこっとプラス**
how は「どのようにして、どんなふうに」という意味で手段（しゅだん）や方法をたずねるときに使います。

## 2 名前のつづりの答え方

言えたらチェック

SAKURA
S-A-K-U-R-A.
Sakura.
S、A、K、U、R、A。サクラです。

✿自分の名前のつづりを答えるときは **S-A-K-U-R-A** のように、アルファベット１文字ずつに区切って言います。最後に自分の名前を言います。

**声に出して言ってみよう**　□に入ることばを入れかえて言いましょう。

答え方　S-A-K-U-R-A. Sakura.

- T-A-K-U-M-I
- Y-U-K-I
- K-E-N-T-A

- Takumi
- Yuki
- Kenta

音声をまねて言ってみよう。

**ステップアップ**
「apple はどのようにつづりますか」は、How do you spell "apple"? と言います。答えるときは、A-P-P-L-E. Apple. のように言います。

# 書いて練習のワーク

読みながらなぞって、もう１回書きましょう。

How do you spell your name?

あなたの名前はどのようにつづりますか。

S-A-K-U-R-A. Sakura.

S、A、K、U、R、A。サクラです。

How do you spell your name?

あなたの名前はどのようにつづりますか。

T-A-K-U-M-I. Takumi.

T、A、K、U、M、I。タクミです。

How do you spell your name?

あなたの名前はどのようにつづりますか。

Y-U-K-I. Yuki.

Y、U、K、I。ユキです。



英語のトビラ！ 英語では姓(せい)を family［ファミリィ］name または last［ラスト］name、名を given［ギヴン］name、または first［ファースト］name と言うよ。

Unit 1

# 聞いて練習のワーク

教科書 8〜13ページ　答え 1ページ

勉強した日　月　日

できた数　/8問中

音声

**1** 音声を聞いて、それぞれの人物の名前を（　）にカタカナで書きましょう。 t01

(1)

(　　　　　　)

(2)

(　　　　　　)

(3)

(　　　　　　)

(4)

(　　　　　　)

**2** 音声を聞いて、それぞれの人物の名前を にアルファベットで書きましょう。 t02

(1)

(2)

(3)

(4)

# まとめのテスト

勉強した日　月　日

## Hello, friends! ①

得点　/50点

教科書 8～13ページ　答え 1ページ　時間 20分

**1** 日本語の意味になるように ［ ］ から選んで、＿＿ に英語を書きましょう。文の最初にくることばは大文字で書きはじめましょう。　1つ10点〔30点〕

(1) あなたの名前は何ですか。

＿＿＿＿ your name?

(2) ［(1)に答えて］　わたしの名前はハルカです。

＿＿＿＿ is Haruka.

(3) はじめまして。

＿＿＿＿ to meet you.

my name / nice / how / what's

**2** 日本語の意味を表す英語の文を ［ ］ から選んで、＿＿ に書きましょう。　1つ10点〔20点〕

(1) あなたの名前はどのようにつづりますか。

＿＿＿＿

(2) ［(1)に答えて］　Y、U、T、A。ユウタです。

＿＿＿＿

How do you spell your name?
My name is Yuta.
Y-U-T-A.  Yuta.

聞く　話す　読む　書く

勉強した日　月　日

## Hello, friends! ② — 1

# 基本のワーク

学習の目標
スポーツを英語で言えるようになりましょう。

音声

教科書　8～13ページ

## スポーツを表すことばを覚えよう！

リズムに合わせて、声に出して言いましょう。　言えたらチェック　a06

□ **soccer**
サッカー

□ **volleyball**
バレーボール

□ **tennis**
テニス

□ **baseball**
野球

□ **table tennis**
卓球（たっきゅう）

□ **dodgeball**
ドッジボール

□ **basketball**
バスケットボール

□ **swimming**
水泳

□ **sport**　複 sports
スポーツ

### ワードボックス　a07

□ curry and rice　カレーライス　□ grilled fish　焼き魚　□ sandwich(es)　サンドイッチ
□ pizza　ピザ　□ hamburger(s)　ハンバーガー　□ French fries　フライドポテト
□ steak　ステーキ　□ salad　サラダ　□ omelet(s)　オムレツ　□ spaghetti　スパゲッティ

### 発音コーチ

カタカナ語との発音のちがいや、強く読むところに気をつけましょう。

soccer　volleyball　baseball　basketball　※▼のついているところが強く読むところです。

複…２つ以上のときの形（複数形（ふくすうけい））



英語カード 24 ～ 28

# 書いて練習のワーク

読みながらなぞって、1～2回書きましょう。

soccer

サッカー

volleyball

バレーボール

tennis

テニス

baseball

野球

table tennis

卓球

dodgeball

ドッジボール

basketball

バスケットボール

swimming

水泳

sport

スポーツ



英語のトビラ！ サッカーはアメリカでは soccer と言うけど、イギリスではふつう football［フトゥボール］と言うよ。アメリカで football と言うと、ふつうアメリカンフットボールのことだよ。

勉強した日 月 日

# Hello, friends! ② — 2
# 基本のワーク

学習の目標
教科を英語で言えるようになりましょう。

音声

教科書 8～13ページ

## 教科を表すことばを覚えよう！

リズムに合わせて、声に出して言いましょう。　言えたらチェック □□□　a08

□ English
英語

□ Japanese
国語

□ calligraphy
書写

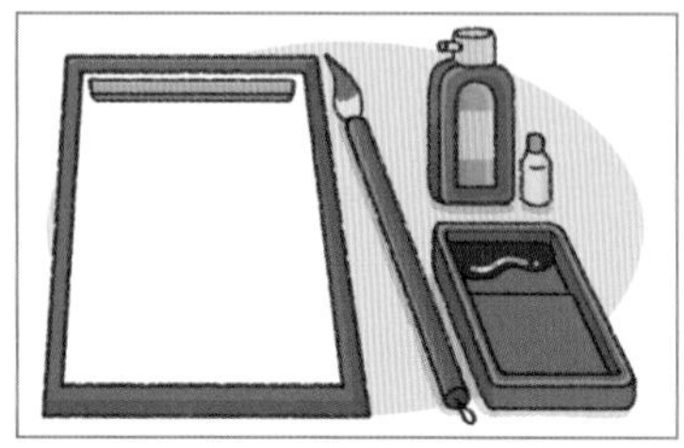

□ social studies
社会科

□ math
算数

□ science
理科

□ music
音楽

□ P.E.
体育

□ arts and crafts
図画工作

## Word ワードボックス　a09

| | | | |
|---|---|---|---|
| □ bear(s) クマ | □ elephant(s) ゾウ | □ tiger(s) トラ | □ lion(s) ライオン |
| □ horse(s) ウマ | □ giraffe(s) キリン | □ gorilla(s) ゴリラ | □ panda(s) パンダ |
| □ koala(s) コアラ | □ dog(s) イヌ | □ cat(s) ネコ | □ fox(es) キツネ |
| □ rabbit(s) ウサギ | □ crocodile(s) ワニ | □ bird(s) 鳥 | |

# 書いて練習のワーク

読みながらなぞって、1～2回書きましょう。

English
英語

Japanese
国語

calligraphy
書写

social studies
社会科

math
算数

science
理科

music
音楽

P.E.
体育

arts and crafts
図画工作



英語のトビラ！ P.E. は physical education［フィズィカル エヂュケイション］を短くした言い方だよ。physical は「身体の」、education は「教育」という意味だよ。

勉強した日　月　日

# Hello, friends! ② — 3
# 基本のワーク

**学習の目標**
好きなもの・ことについて英語で言えるようになりましょう。

音声

♪a10　教科書 8〜13ページ

## 1 好きなもの・ことのたずね方

言えたらチェック

What sport do you like?
あなたはどんなスポーツが好きですか。

- 「あなたはどんな［何の］〜が好きですか」は、**What 〜 do you like?** と言います。
- **what sport** で「どんなスポーツ」、**what subject** で「何の教科」、**what food** で「どんな食べ物」、**what animal** で「どんな動物」という意味になります。

**声に出して言ってみよう**　□に入ることばを入れかえて言いましょう。

たずね方 **What** [sport] **do you like?**

- subject
- food
- animal

**ちょこっとプラス**

**what 〜でよく使われるもの**

- what fruit［フルート］どんな果物（くだもの）
- what color［カラァ］何の色

## 2 好きなもの・こと、好きでないもの・ことの答え方

言えたらチェック

I like soccer.
わたしはサッカーが好きです。

- 「わたしは〜が好きです」は、**I like 〜.** と言います。
- 好きでないものは、**I don't like 〜.**（わたしは〜が好きではありません）と言います。

**声に出して言ってみよう**　□に入ることばを入れかえて言いましょう。

答え方 **I like** [soccer].

- tennis
- English
- science
- steak
- dogs

**I don't like** [swimming].

- volleyball
- calligraphy
- P.E.
- salad
- bears

**ちょこっとプラス**

数えられるもので、ある決まった1つではなく、その種類全体が好きと言うときは、「〜」を複数形（ふくすう）（2つ以上のときの形）にします。

例 I like dogs.
わたしはイヌが好きです。

**ステップアップ**

I like 〜. の文の最後に very much をつけると、「わたしは〜が大好きです」という意味になります。

例 I like English very much.　わたしは英語が大好きです。

# 書いて練習のワーク

✪ 読みながらなぞって、もう１回書きましょう。

What sport do you like?

あなたはどんなスポーツが好きですか。

I like soccer.

わたしはサッカーが好きです。

What subject do you like?

あなたは何の教科が好きですか。

I like English.

わたしは英語が好きです。

What food do you like?

あなたはどんな食べ物が好きですか。

I like steak.

わたしはステーキが好きです。

I don't like bears.

わたしはクマが好きではありません。



英語のトビラ！ 「大好きだ」ということを表したいときは、love［ラヴ］を使って、I love tennis.（わたしはテニスが大好きです）のように言うこともできるよ。

Unit 1

# 聞いて練習のワーク

教科書 8～13ページ　答え 2ページ

できた数　/7問中

音声

**1** 音声を聞いて、絵のものが好きならば○、好きでなければ×を（　）に書きましょう。 t03

(1)

（　　　）

(2)

（　　　）

(3)

（　　　）

(4)
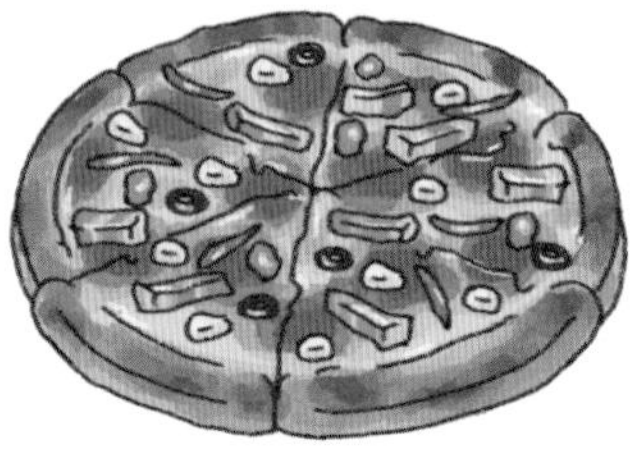
（　　　）

**2** 音声を聞いて、それぞれの人物が好きなものを下から選んで、記号を（　）に書きましょう。 t04

| | 名　前 | スポーツ | 教科 | 食べ物 |
|---|---|---|---|---|
| (1) | Takumi | （　　） | （　　） | （　　） |
| (2) | Yumi | （　　） | （　　） | （　　） |
| (3) | Tom | （　　） | （　　） | （　　） |

ア　水泳　　イ　ドッジボール　　ウ　野球　　エ　サッカー

オ　国語　　カ　算数　　キ　音楽　　ク　社会科

ケ　ハンバーガー　　コ　ステーキ　　サ　ピザ　　シ　サラダ

# まとめのテスト

## Hello, friends! ②

勉強した日　月　日

得点　/50点

時間 20分

教科書 8～13ページ　答え 2ページ

**1** 日本語の意味になるように［　］から選んで、＿＿に英語を書きましょう。　1つ10点〔30点〕

(1) あなたはどんな動物が好きですか。

What ＿＿＿＿ do you like?

(2) [(1)に答えて]　わたしはネコが好きです。

I ＿＿＿＿ cats.

(3) わたしは焼き魚が好きではありません。

I ＿＿＿＿ like grilled fish.

like / animal / food / don't

**2** 質問(しつもん)に合う答えの文を［　］から選んで、＿＿に書きましょう。　1つ10点〔20点〕

(1) What sport do you like?

＿＿＿＿＿＿＿＿

(2) What food do you like?

＿＿＿＿＿＿＿＿

I like curry and rice.
I like volleyball.
My name is Takumi.

聞く　話す　読む　書く

勉強した日　月　日

## Happy birthday! ①－1

# 基本のワーク

学習の目標
1月から12月までを英語で言えるようになりましょう。

音声

教科書　18～23ページ

## 月を表すことばを覚えよう！

リズムに合わせて、声に出して言いましょう。　言えたらチェック □□□　a11

□ **January**
1月

□ **February**
2月

□ **March**
3月

□ **April**
4月

□ **May**
5月

□ **June**
6月

□ **July**
7月

□ **August**
8月

□ **September**
9月

□ **October**
10月

□ **November**
11月

□ **December**
12月

# 書いて練習のワーク

読みながらなぞって、1～2回書きましょう。

January
1月

February
2月

March
3月

April
4月

May
5月

June
6月

July
7月

August
8月

September
9月

October
10月

November
11月

December
12月



英語のトビラ！ 英語の月名は Jan. Feb. Mar. Apr. Jun. Jul. Aug. Sept. Oct. Nov. Dec. などと略(りゃく)して表記することもあるよ。May は略さないよ。

勉強した日 月 日

# Happy birthday! ① — 2

# 基本のワーク

学習の目標 英語で誕生日をたずねたり、答えたりできるようになりましょう。

音声 ♪ a12 教科書 18～23 ページ

## 1 日付の言い方

言えたらチェック

January 1st, 2nd, 3rd, 4th, 5th...
1月1日、2日、3日、4日、5日…


「～月…日」は、〈月〉のあとに〈日〉を置きます。〈日〉は **1st**（1番目）、**2nd**（2番目）、**3rd**（3番目）のような、「～番目」と順番を表す数の言い方で表します。

**声に出して言ってみよう** 次の英語を言いましょう。

・1st ・2nd ・3rd ・4th ・5th ・6th ・7th ・8th ・9th
・10th ・11th ・12th ・13th ・14th ・15th ...
・20th ・21st ・22nd ・23rd ・24th ・25th ... ・30th ・31st

**ちょこっとプラス**
**「～番目」の表し方**
一の位が1～3番目以外は数字に th をつけます。11、12、13 は例外です。

## 2 誕生日のたずね方と答え方

言えたらチェック

「あなたの誕生日はいつですか」は、**When is your birthday?** と言います。

「わたしの誕生日は～月…日です」は、**My birthday is 〈月〉〈日〉.** と言います。

**声に出して言ってみよう** □に入ることばを入れかえて言いましょう。

たずね方 **When is your birthday?**

答え方 **My birthday is** January 1st**.**

・March 7th ・October 3rd ・November 22nd

**ちょこっとプラス**
答えるときに my birthday をくり返さず、it に置きかえて、It's January 1st. のようにも言います。it は「それは」という意味で、it's は it is を短くした言い方です。

**ステップアップ** 順番を表す数は、アルファベットでは次のようにつづります。
1st = first 2nd = second 3rd = third 4th = fourth 5th = fifth 20th = twentieth

# 書いて練習のワーク

読みながらなぞって、もう１回書きましょう。

When is your birthday?

あなたの誕生日はいつですか。

My birthday is January 1st.

わたしの誕生日は１月１日です。

When is your birthday?

あなたの誕生日はいつですか。

My birthday is March 7th.

わたしの誕生日は３月７日です。

When is your birthday?

あなたの誕生日はいつですか。

My birthday is October 3rd.

わたしの誕生日は10月３日です。



英語のトビラ！ アメリカやイギリスでは、誕生日などでプレゼントをもらうと、ふつうその場で包みを開けて中身を見て、相手に感想などを伝えるよ。

Unit 2

# 聞いて練習のワーク

教科書 18～23ページ　答え 3ページ

勉強した日　月　日

できた数　/8問中

音声

**1** 音声を聞いて、英語に合う絵を下から選んで、記号を（　）に書きましょう。 t05

(1)（　　　）　(2)（　　　）　(3)（　　　）　(4)（　　　）

ア

イ

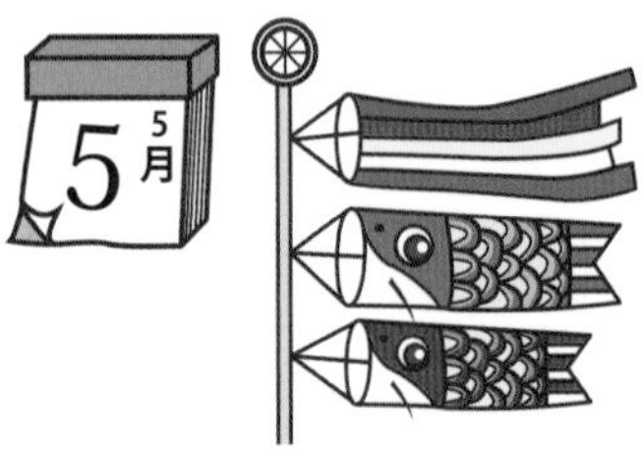


ウ

エ

**2** 音声を聞いて、それぞれの人物の誕生日（たんじょうび）を書きましょう。 t06

(1)

Takumi

（　　月　　日）

(2)

Anna

（　　月　　日）

(3)

Tom

（　　月　　日）

(4)

Yumi

（　　月　　日）

# まとめのテスト

勉強した日　月　日

## Happy birthday! ①

得点　/50点

時間 20分

教科書 18～23ページ　答え 3ページ

**1** 日本語の意味を表す英語を［　］から選んで、＿＿に書きましょう。　1つ6点〔30点〕

(1) 3月

(2) 6月

(3) 12月

(4) 8月

(5) 11月

April
December
June
March
August
November

**2** 日本語の意味を表す英語の文を［　］から選んで、＿＿に書きましょう。　1つ10点〔20点〕

(1) あなたの誕生日はいつですか。

(2) [(1)に答えて]　わたしの誕生日は5月7日です。

What sport do you like?
When is your birthday?
My birthday is May 7th.
My birthday is September 7th.

聞く　話す　読む　書く

勉強した日　　月　　日

## Happy birthday! ②—1

# 基本のワーク

学習の目標
身の回りのもの・衣類を英語で言えるようになりましょう。

音声

教科書　18～23 ページ

## 身の回りのもの・衣類を表すことばを覚えよう！

リズムに合わせて、声に出して言いましょう。　言えたらチェック □□□　a13

□ **bag**　複 bags
かばん

□ **mug**　複 mugs
マグカップ

□ **comic book**　複 comic books
マンガ本

□ **dictionary**　複 dictionaries
辞書

□ **computer**　複 computers
コンピューター

□ **glove**　複 gloves
グローブ、手ぶくろ

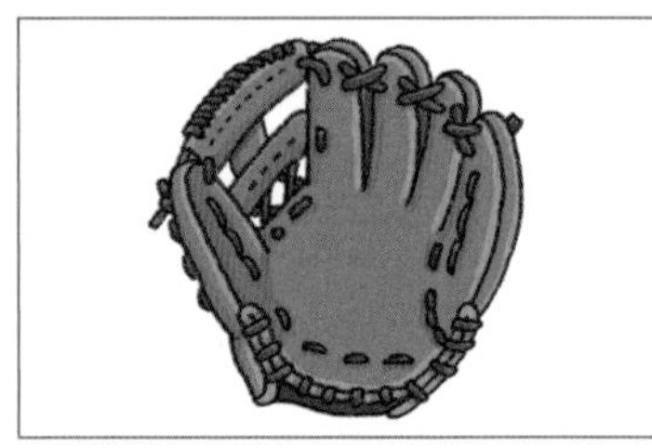

□ **T-shirt**　複 T-shirts
Tシャツ

□ **smartphone**　複 smartphones
スマートフォン

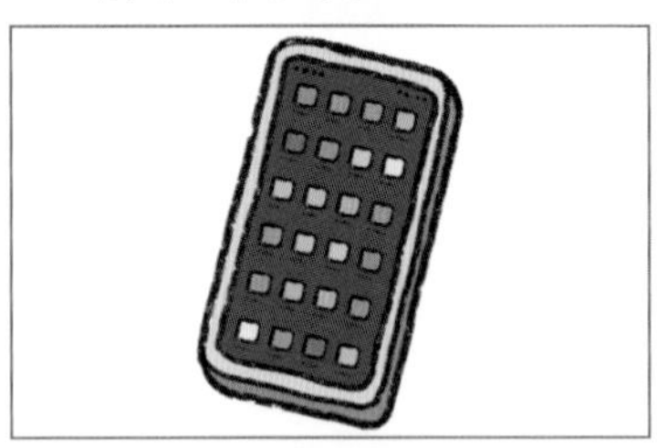

□ **shoes**　※複数扱い（ふくすうあつか）
靴（くつ）

### ワードボックス　a14

| | | | | |
|---|---|---|---|---|
| □ new 新しい | □ old 古い | □ nice すてきな | □ cool かっこいい | □ big 大きい |
| □ small 小さい | □ same 同じ | □ different ちがった | □ long 長い | □ short 短い |

### ことば解説（かいせつ）

gloves（手ぶくろ）、shoes（靴）のように、左右の２つをいっしょに使うものはふつう s をつけた形にします。野球の「グローブ」は片（かた）方の手で使うので、２つ以上あるとき以外は glove に s をつけません。

複…複数形

# 書いて練習のワーク

✪読みながらなぞって、1～2回書きましょう。

bag
かばん

mug
マグカップ

comic book
マンガ本

dictionary
辞書

computer
コンピューター

glove
グローブ、手ぶくろ

T-shirt
Tシャツ

smartphone
スマートフォン

shoes
靴



英語のトビラ！ T-shirtの名前の由来については、広げた形がTの字に似(に)ているからという説や、training shirt［トゥレイニング シャート］（トレーニングシャツ）からきているという説などがあるよ。

勉強した日 月 日

# Happy birthday! ② — 2
# 基本のワーク

学習の目標
英語でほしいものをたずねたり、答えたりできるようになりましょう。

音声

♪ a15　教科書 18～23 ページ

## 1 誕生日にほしいもののたずね方と答え方

言えたらチェック

What do you want for your birthday?
あなたは誕生日に何がほしいですか。
I want a new T-shirt.
わたしは新しいＴシャツがほしいです。

✿「あなたは誕生日に何がほしいですか」は、What do you want for your birthday? と言います。I want ～.（わたしは～がほしいです）のように答えます。

**声に出して言ってみよう**　□に入ることばを入れかえて言いましょう。

たずね方 What do you want for your birthday?

答え方 I want [a new T-shirt].

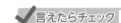

・a new glove　・a new dictionary　・soccer shoes

**表現べんり帳**
「あなたはクリスマスに何がほしいですか」は、What do you want for Christmas［クリスマス］? と言います。

## 2 相手にものをわたすときの言い方

言えたらチェック

This is for you.
Here you are.
これはあなたにです。はい、どうぞ。
Thank you.
ありがとう。

✿「これはあなたにです」は、This is for you. と言います。

✿「はい、どうぞ」と相手にものをわたすときは、Here you are. と言います。

✿「ありがとう」とお礼を言うときは、Thank you. と言います。

**声に出して言ってみよう**　次の英語を言いましょう。

This is for you.　Here you are.

— Thank you.

ものをわたすときに言ってみよう。

**ステップアップ**
shoes（靴）はふつう複数形（２つ以上のときの形）で使います。そのため、a はつけません。このようにふつう複数形で使う単語は他に、scissors（はさみ）、compasses（コンパス）、glasses（めがね）などがあります。

# 書いて練習のワーク

読みながらなぞって、もう１回書きましょう。

What do you want for your birthday?

あなたは誕生日に何がほしいですか。

I want a new T-shirt.

わたしは新しいＴシャツがほしいです。

This is for you.

これはあなたにです。

Here you are.

はい、どうぞ。

Thank you.

ありがとう。



英語のトビラ！
日本ではクリスマスプレゼントを持ってくるのはサンタクロースとされているけど、魔女や妖精とされている国もあるよ。

Unit 2

# 聞いて練習のワーク

教科書 18～23ページ　答え 3ページ

できた数　/8問中

音声

**1** 音声を聞いて、絵の内容（ないよう）に合っていれば○、合っていなければ×を（　）に書きましょう。　t07

(1)

（　　　）

(2)

（　　　）

(3)

（　　　）

(4)

（　　　）

**2** 音声を聞いて、だれが何をほしいのか線で結びましょう。　t08

(1) Takumi

(2) Tom

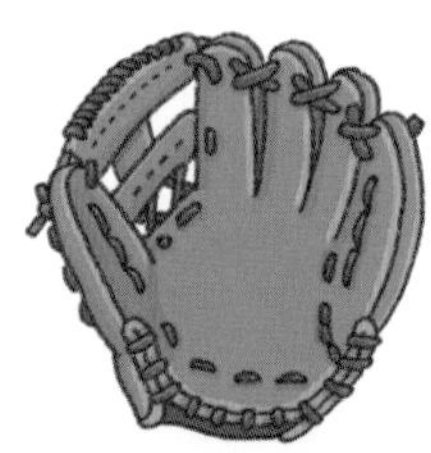

(3) Yumi

(4) Anna

# まとめのテスト

勉強した日　月　日

## Happy birthday! ②

得点　/50点

時間 20分

教科書 18～23ページ　答え 4ページ

**1** 日本語の意味になるように［　］から選んで、＿＿に英語を書きましょう。文の最初にくることばは大文字で書きはじめましょう。　1つ9点〔36点〕

(1) あなたは誕生日(たんじょうび)に何がほしいですか。

＿＿＿＿ do you want for your birthday?

(2) [(1)に答えて]　わたしはマンガ本がほしいです。

I ＿＿＿＿ a comic book.

(3) [ものをわたすとき]　はい、どうぞ。

Here you ＿＿＿＿.

(4) これはあなたにです。

＿＿＿＿ is for you.

want / are / what / is / this / am

**2** 日本語の意味に合うように、(　　)の中から正しいほうを選んで、◯で囲(かこ)みましょう。　1つ7点〔14点〕

(1) あなたは誕生日に何がほしいですか。

What do you ( like / want ) for your birthday?

(2) [(1)に答えて]　わたしは大きなかばんがほしいです。

I ( like / want ) a big bag.

聞く　話す　読む　書く

勉強した日 月 日

# Can you play dodgeball? — 1

# 基本のワーク

**学習の目標**
動作を表すことばを英語で言えるようになりましょう。

音声

教科書 28～33 ページ

## 動作を表すことばを覚えよう！

リズムに合わせて、声に出して言いましょう。 言えたらチェック ☐☐☐ a16

☐ **run**
走る

☐ **swim**
泳ぐ

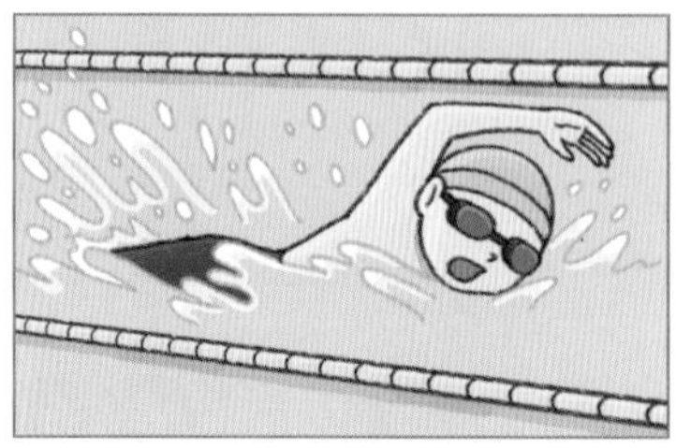

☐ **cook**
料理をする

☐ **play dodgeball**
ドッジボールをする

☐ **play badminton**
バドミントンをする

☐ **play tennis**
テニスをする

☐ **play the guitar**
ギターをひく

☐ **play the recorder**
リコーダーをふく

☐ **play the piano**
ピアノをひく

## Word ワードボックス

a17

| | | |
|---|---|---|
| ☐ dance 踊る | ☐ sing 歌う | ☐ walk 歩く |
| ☐ well 上手に | ☐ fast 速く / 速い | ☐ high 高く / 高い |

## ことば解説

play には「(楽器を) 演奏する」、「(スポーツを) する」、「(ゲームを) する」、「遊ぶ」など、さまざまな意味があります。「(楽器を) 演奏する」と言うときは、play the guitar のように楽器名の前にふつう the を置きます。



英語カード 19 ～ 28

勉強した日　月　日

# 書いて練習のワーク

✪ 読みながらなぞって、１～２回書きましょう。

run

走る

swim

泳ぐ

cook

料理をする

play dodgeball

ドッジボールをする

play badminton

バドミントンをする

play tennis

テニスをする

play the guitar

ギターをひく

play the recorder

リコーダーをふく

play the piano

ピアノをひく

聞く 話す 読む 書く

英語のトビラ！ cook には「コック、料理人」、dance には「ダンス、舞踊」という意味もあるよ。

Unit 3

# Can you play dodgeball? — 2

# 基本のワーク

学習の目標

できること・できないことを英語で言えるようになりましょう。

音声

♪ a18 教科書 28～33ページ

## 1 自分のできること・できないことの言い方

言えたらチェック

I can run fast. I can't play tennis well.
わたしは速く走ることができます。わたしは上手にテニスをすることができません。

- 「わたしは～（することが）できます」は I can ～.、「わたしは～（することが）できません」は I can't ～. と言います。「～」には動作を表すことばが入ります。
- fast は「速く」、well は「上手に」という意味で、動作をくわしく説明します。

声に出して言ってみよう　□に入ることばを入れかえて言いましょう。

I can [run fast]. ← ・swim fast ・play the piano

I can't [play tennis] well. ← ・dance ・play the guitar

ちょこっとプラス

can't は cannot［カナット］と言うこともあります。

## 2 相手のできることの言い方

言えたらチェック

You can run fast.
あなたは速く走ることができます。
Thank you.
ありがとう。

- 「あなたは～（することが）できます」は、You can ～. と言います。

声に出して言ってみよう　□に入ることばを入れかえて言いましょう。

You can [run fast].

— Thank you.

← ・swim fast ・play the piano

表現べんり帳

You can ～.「あなたは～（することが）できます」と言われたら Thank you.「ありがとう」とお礼を言いましょう。

ステップアップ　動作を表すことばのあとに well（上手に）、fast（速く）などのことばを置くと、動作をくわしく説明することができます。例 cook well　上手に料理をする、swim fast　速く泳ぐ

# 書いて練習のワーク

読みながらなぞって、もう１回書きましょう。

I can run fast.

わたしは速く走ることができます。

I can swim fast.

わたしは速く泳ぐことができます。

I can't play tennis well.

わたしは上手にテニスをすることができません。

I can't dance well.

わたしは上手に踊(おど)ることができません。

You can run fast.

あなたは速く走ることができます。

Thank you.

ありがとう。

聞く 話す 読む 書く

英語のトビラ！

can には、かんづめの「かん」、飲み物などの「かん」や「容器(ようき)」という意味もあるよ。
例 a can of tuna［トゥーナ］ ツナのかんづめ、a milk can ミルクかん

勉強した日　月　日

## Can you play dodgeball? — 3

# 基本のワーク

学習の目標
スポーツや楽器を英語で言えるようになりましょう。

音声

教科書　28～33ページ

## スポーツや楽器を表すことばを覚えよう！

リズムに合わせて、声に出して言いましょう。　言えたらチェック　a19

☐ **rugby**
ラグビー

☐ **tennis**
テニス

☐ **volleyball**
バレーボール

☐ **basketball**
バスケットボール

☐ **guitar**　複 guitars
ギター

☐ **recorder**　複 recorders
リコーダー

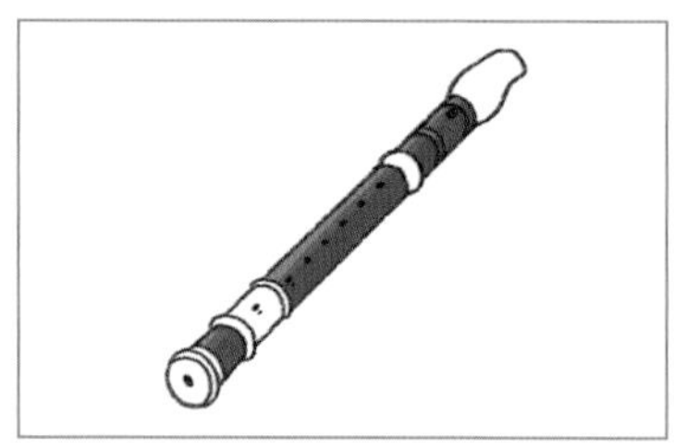

☐ **piano**　複 pianos
ピアノ

☐ **violin**　複 violins
バイオリン

☐ **drum**　複 drums
太鼓

### Word ワードボックス　a20

☐ fly 飛ぶ　☐ jump 跳ぶ　☐ fish 魚　☐ dolphin(s) イルカ　☐ whale(s) クジラ
☐ penguin(s) ペンギン　☐ crab(s) カニ　☐ sea turtle(s) ウミガメ

### 発音コーチ

カタカナ語とは強く読むところがちがうので、気をつけましょう。

guitar　recorder　piano　violin　※▼のついているところが強く読むところです。

複…複数形

# 書いて練習のワーク

✪ 読みながらなぞって、１～２回書きましょう。

rugby

ラグビー

tennis

テニス

volleyball

バレーボール

basketball

バスケットボール

guitar

ギター

recorder

リコーダー

piano

ピアノ

violin

バイオリン

drum

太鼓

英語のトビラ！ basketball の basket は「かご」という意味だよ。はじめはゴールのかわりに、フルーツを入れるかごが使われていたんだ。

勉強した日 月 日

# Can you play dodgeball? — 4

# 基本のワーク

学習の目標
相手のできることをたずねる文・答える文を英語で言えるようになりましょう。

音声

♪a21 教科書 28～33ページ

## 1 できるかどうかのたずね方

言えたらチェック

Can you play volleyball?
あなたはバレーボールをすることができますか。

「あなたは～（することが）できますか」は、**Can you ～?** と言います。

声に出して言ってみよう □に入ることばを入れかえて言いましょう。

たずね方 **Can you** play volleyball **?**

- play soccer
- play the piano
- run fast

ちょこっとプラス
「あなたは～（することが）できますか」を表すCan you ～? は文の最後を上げるような調子で読みます。

## 2 できるかどうかの答え方

言えたらチェック

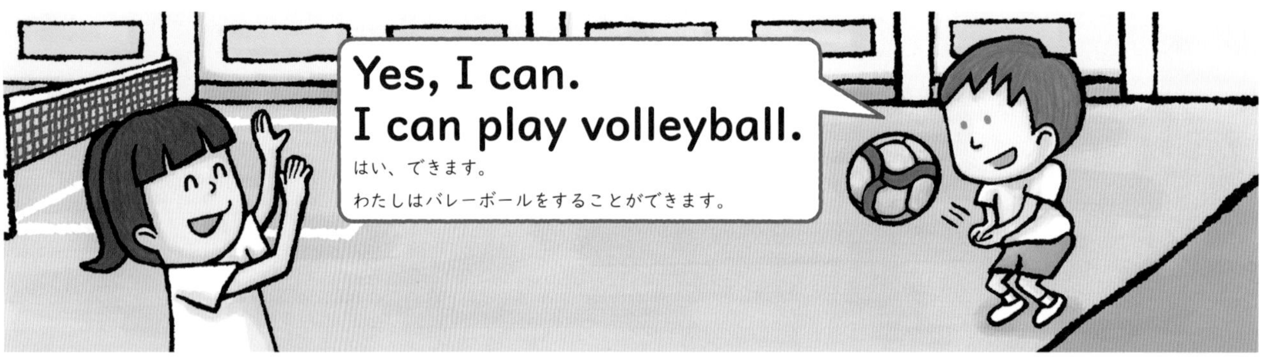
Yes, I can.
I can play volleyball.
はい、できます。
わたしはバレーボールをすることができます。

**Can you ～?**（あなたは～（することが）できますか）とたずねられたときは、**Yes, I can.**（はい、できます）、または **No, I can't.**（いいえ、できません）と答えます。

声に出して言ってみよう □に入ることばを入れかえて言いましょう。

答え方 **Yes, I can. I can** play volleyball **.**

- play soccer
- play the piano
- run fast

**No, I can't. I can't** play volleyball **.**

ちょこっとプラス
答えのcanやcan'tのあとには、動作を表すことばが省略（しょうりゃく）されています。
例 Yes, I can (swim).

ステップアップ
Can you ～? には「～してくれますか」と人に何かをたのむ意味もあります。
例 Can you cook?　料理をしてくれますか。

# 書いて練習のワーク

読みながらなぞって、もう１回書きましょう。

Can you play volleyball?

あなたはバレーボールをすることができますか。

Yes, I can.

I can play volleyball.

はい、できます。わたしはバレーボールをすることができます。

Can you play soccer?

あなたはサッカーをすることができますか。

No, I can't.

I can't play soccer.

いいえ、できません。わたしはサッカーをすることができません。



英語のトビラ！
アメリカで人気のあるスポーツは、アメリカンフットボール、野球、バスケットボール、アイスホッケーだよ。
これらのプロスポーツリーグは北米４大プロスポーツリーグと言われているよ。

Unit 3

# 聞いて練習のワーク

教科書 28～33ページ　答え 4ページ

できた数　/8問中

音声

**1** 音声を聞いて、絵の内容(ないよう)ができれば○、できなければ×を（　）に書きましょう。　t09

(1)

（　　　）

(2)

（　　　）

(3)

（　　　）

(4)

（　　　）

**2** 音声を聞いて、それぞれの人物ができることには○、できないことには×を（　）に書き、表を完成させましょう。　t10

| | 名　前 | テニス | バイオリン |
|---|---|---|---|
| (1) | Aoi | （　　） | （　　） |
| (2) | Koji | （　　） | （　　） |
| (3) | Yuka | （　　） | （　　） |
| (4) | John | （　　） | （　　） |

# まとめのテスト

勉強した日　月　日

## Can you play dodgeball?

得点　/50点

時間 20分

教科書 28～33ページ　答え 5ページ

**1** 日本語の意味に合うように、(　　)の中から正しいほうを選んで、□で囲(かこ)みましょう。

1つ5点〔20点〕

(1) わたしは上手(じょうず)にピアノをひくことができます。

I ( can / can't ) play the piano well.

(2) あなたは上手にギターをひくことができます。— ありがとう。

You ( can / can't ) play the guitar well. — Thank you.

(3) あなたは高く跳(と)ぶことができますか。

( Do / Can ) you jump high?

(4) [(3)に答えて]　いいえ、できません。わたしは高く跳ぶことができません。

No, I can't.  I ( can / can't ) jump high.

**2** ハヤトが書いたメモを見て、ハヤトになったつもりで質問(しつもん)に合う答えの文を[　　]から選び、＿＿に書きましょう。同じものを何度使用してもかまいません。

1つ10点〔30点〕

(1) Can you play badminton?

＿＿＿＿＿＿＿＿＿＿＿＿

(2) Can you swim fast?

＿＿＿＿＿＿＿＿＿＿＿＿

(3) Can you dance well?

＿＿＿＿＿＿＿＿＿＿＿＿

ハヤトが書いたメモ
【できること】
・バドミントン
・上手に踊(おど)ること
【できないこと】
・速く泳ぐこと
・ラグビー

Yes, I can. / No, I can't.

聞く　話す　読む　書く

勉強した日　　月　　日

# Who is this? ①—1

# 基本のワーク

学習の目標

家族や人を英語で言えるようになりましょう。

音声

教科書　40～45ページ

## 家族・人を表すことばを覚えよう！

リズムに合わせて、声に出して言いましょう。　言えたらチェック □□□　a22

□ **mother**　複 mothers
お母さん

□ **father**　複 fathers
お父さん

□ **grandmother**　複 grandmothers
おばあさん

□ **grandfather**　複 grandfathers
おじいさん

□ **sister**　複 sisters
お姉さん、妹

□ **brother**　複 brothers
お兄さん、弟

□ **boy**　複 boys
男の子

□ **girl**　複 girls
女の子

□ **friend**　複 friends
友達

## ワードボックス　a23

| | | |
|---|---|---|
| □ I　わたしは | □ you　あなたは、あなたを（に） | □ she　彼女(かのじょ)は |
| □ he　彼(かれ)は | □ we　わたしたちは | □ man　男性 |
| □ woman　女性 | □ classmate(s)　クラスメート | □ active　活動的な |
| □ brave　勇敢(ゆうかん)な | □ funny　おかしい | □ kind　親切な |
| □ shy　内気な | □ smart　利口な | □ strong　強い |

複…複数形(ふくすうけい)

# 書いて練習のワーク

読みながらなぞって、1～2回書きましょう。

mother

お母さん

father

お父さん

grandmother

おばあさん

grandfather

おじいさん

sister

お姉さん、妹

brother

お兄さん、弟

boy

男の子

girl

女の子

friend

友達



英語のトビラ！ アメリカやイギリスではふつう、子供（こども）が父親によびかけるときは dad / Dad［ダッド］、母親によびかけるときは mom / Mom［マム］（イギリスでは mum / Mum）と言うよ。

## Who is this? ①ー2
# 基本のワーク

学習の目標
身近な人について、英語で紹介(しょうかい)できるようになりましょう。

音声

♪a24　教科書 40～45 ページ

## 1 人についてのたずね方と答え方

言えたらチェック

Who is this?
こちらはだれですか。
This is Mark Smith.
こちらはマーク・スミスです。

- 「こちらはだれですか」は、Who is this? と言います。
- 「こちらは～（さん）です」は、This is ～. と言います。

**声に出して言ってみよう**　□に入ることばを入れかえて言いましょう。

たずね方　Who is this?
答え方　This is [Mark Smith].

- Yuki
- Koji

**思い出そう**
This is ～. は「これは～です」という意味で、ものを示(しめ)すときにも使いました。
例 This is for you.
　これはあなたにです。

## 2 関係や性格(せいかく)の言い方

言えたらチェック

Who is Mark Smith?
マーク・スミスとはだれですか。
He is my father.
He is kind.
彼(かれ)はわたしのお父さんです。彼は親切です。

- 「彼は～です」は He is ～.、「彼女(かのじょ)は～です」は She is ～. と言います。
- 「～」には家族や性格を表すことばなどが入ります。

**声に出して言ってみよう**　□に入ることばを入れかえて言いましょう。

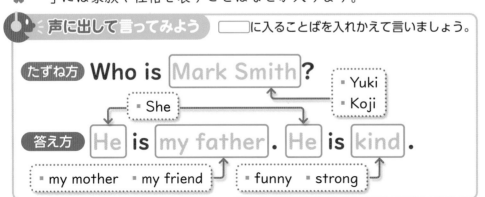

たずね方　Who is [Mark Smith]?

- Yuki
- Koji

- She

答え方　[He] is [my father]. [He] is [kind].

- my mother
- my friend

- funny
- strong

**ちょこっとプラス**
「彼は［彼女は］～ですか」は、Is he[she] ～? と言います。答えるときは、Yes, he[she] is.（はい、そうです）や No, he[she] isn't.（いいえ、ちがいます）と言います。

**ステップアップ**
「あなたはだれですか」は Who are you? と言います。答えるときは、I'm ～.（わたしは～です）と言います。失礼な言い方になることもあるので、使うときは気をつけましょう。

# 書いて練習のワーク

✪ 読みながらなぞって、もう１回書きましょう。

Who is this?

こちらはだれですか。

This is Mark Smith.

こちらはマーク・スミスです。

Who is Mark Smith?

マーク・スミスとはだれですか。

He is my father.

彼はわたしのお父さんです。

He is kind.

彼は親切です。

Who is Yuki?

ユキとはだれですか。

She is my mother.

彼女はわたしのお母さんです。



英語のトビラ！ 部屋でドアをノックされた音を聞いて、「どちらさまですか」と言うときは、Who is it? と言うよ。答えるときは、It's me, Sakura.（わたしです、サクラです）のように言うよ。

Unit 4

# 聞いて練習のワーク

教科書 40～45ページ　答え 5ページ

できた数　/8問中

音声

**1** 音声を聞いて、絵の内容(ないよう)と合っていれば○、合っていなければ×を（　）に書きましょう。

t11

(1)

（　　　）

(2)

（　　　）

(3)

（　　　）

(4)

（　　　）

**2** 音声を聞いて、それぞれの人物の性格(せいかく)を下から選んで、記号を（　）に書きましょう。

t12

| | 名　前 | 性　格 |
|---|---|---|
| (1) | Takumi | （　　　） |
| (2) | Ann | （　　　） |
| (3) | Koji | （　　　） |
| (4) | Mami | （　　　） |

ア　強い　　イ　親切な　　ウ　利口な

エ　勇敢(ゆうかん)な　　オ　活動的な

# まとめのテスト

## Who is this? ①

得点　/50点

時間 20分

教科書 40～45ページ　答え 6ページ

**1** 英語の意味を表す日本語を□から選んで、（　）に書きましょう。　1つ5点〔20点〕

(1) boy　（　　　　　）

(2) woman　（　　　　　）

(3) mother　（　　　　　）

(4) grandfather　（　　　　　）

おじいさん　女性　男の子　クラスメート　お母さん

**2** 日本語の意味を表す英語の文を□から選んで、＿＿に書きましょう。　1つ10点〔30点〕

(1) こちらはだれですか。

(2) 彼（かれ）はわたしの友達です。

(3) 彼は内気です。

Who is this? / Who is Yuki?
He is shy. / He is my friend.

聞く　話す　読む　書く

勉強した日　月　日

# Who is this? ②—1

## 基本のワーク

学習の目標

いろいろな動作を英語で言えるようになりましょう。

音声

教科書 40～45ページ

### 動作を表すことばを覚えよう！

リズムに合わせて、声に出して言いましょう。　言えたらチェック　♪a25

□ run
走る

□ swim
泳ぐ

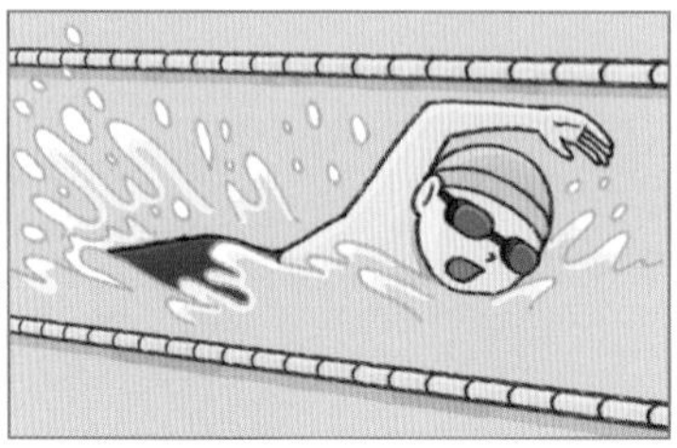

□ fly
飛ぶ

□ jump
跳(と)ぶ

□ sing
歌う

□ cook
料理をする

□ play tennis
テニスをする

□ play badminton
バドミントンをする

□ play basketball
バスケットボールをする

□ play the piano
ピアノをひく

□ play the guitar
ギターをひく

□ play the recorder
リコーダーをふく

# 書いて練習のワーク

✪ 読みながらなぞって、もう１回書きましょう。

| | |
|---|---|
| run | swim |
| 走る | 泳ぐ |
| fly | jump |
| 飛ぶ | 跳ぶ |
| sing | cook |
| 歌う | 料理をする |

play tennis

テニスをする

play badminton

バドミントンをする

play basketball

バスケットボールをする

play the piano

ピアノをひく

play the guitar

ギターをひく

英語のトビラ！ run には「連続期間」や「上演期間」の意味もあるよ。映画やミュージカルの CM でよく耳にする「ロングラン大ヒット！」という表現に使われているよ。

勉強した日　月　日

# Who is this? ② — 2

# 基本のワーク

学習の目標
身近な人のできることを英語で言えるようになりましょう。

音声

♪a26　教科書 40～45ページ

## 1 身近な人のできることの言い方

言えたらチェック

He can play the guitar well.
彼は上手にギターをひくことができます。

「彼は～（することが）できます」は He can ～.、「彼女は～（することが）できます」は She can ～. と言います。「～」には動作を表すことばが入ります。

**声に出して言ってみよう**　□に入ることばを入れかえて言いましょう。

He can play the guitar well.

- He → She
- play the guitar → play basketball / cook / sing

くり返し練習しよう。

## 2 身近な人のできることのたずね方・答え方

言えたらチェック

Can he play the piano well?
彼は上手にピアノをひくことができますか。
Yes, he can.
はい、できます。

「彼は［彼女は］～（することが）できますか」は、Can he[she] ～? と言います。

「はい、できます」は Yes, he[she] can.、「いいえ、できません」は No, he[she] can't. と言います。

**声に出して言ってみよう**　□に入ることばを入れかえて言いましょう。

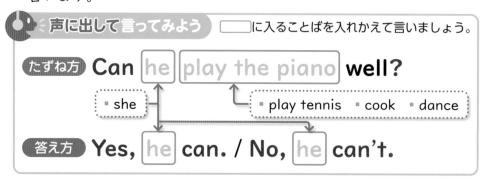

たずね方　Can he play the piano well?

- he → she
- play the piano → play tennis / cook / dance

答え方　Yes, he can. / No, he can't.

**ちょこっとプラス**

「彼は［彼女は］～できません」は He[She] can't ～. と言います。

例 He can't play the piano.
彼はピアノをひくことができません。

**ステップアップ**　Can I ～? は「（わたしが）～してもいいでしょうか」と相手に許可を求める意味にもなります。

例 Can I play the piano?　ピアノをひいてもいいでしょうか。

# 書いて練習のワーク

読みながらなぞって、もう１回書きましょう。

He can play the guitar well.

彼は上手にギターをひくことができます。

She can cook well.

彼女は上手に料理をすることができます。

Can he play the piano well?

彼は上手にピアノをひくことができますか。

Yes, he can.

はい、できます。

Can she dance well?

彼女は上手に踊(おど)ることができますか。

No, she can't.

いいえ、できません。



英語のトビラ！ well（上手に）の前に very（とても）をつけて、very well（とても上手に）と表現(ひょうげん)することもできるよ。

Unit 4

# 聞いて練習のワーク

教科書 40～45ページ　答え 6ページ

できた数 /8問中

音声

**1** 音声を聞いて、絵の内容(ないよう)と合っていれば○、合っていなければ×を（　）に書きましょう。 t13

(1)

（　　　）

(2)

（　　　）

(3)

（　　　）

(4)

（　　　）

**2** 音声を聞いて、それぞれの人物が上手(じょうず)にできることを下から選んで、記号を（　）に書きましょう。 t14

| | 名　前 | 上手にできること |
|---|---|---|
| (1) | Takumi | （　　） |
| (2) | Anna | （　　） |
| (3) | Yumi | （　　） |
| (4) | Tom | （　　） |

ア　テニスをすること　　イ　泳ぐこと　　ウ　歌うこと

エ　ギターをひくこと　　オ　料理をすること

# まとめのテスト

勉強した日　月　日

## Who is this? ②

得点　/50点

時間 20分

教科書 40〜45ページ　答え 6ページ

**1** 日本語の意味になるように [　　] から選んで、＿＿ に英語を書きましょう。　1つ10点〔30点〕

(1) 彼女(かのじょ)は上手に歌うことができます。

She can __________ well.

(2) 彼(かれ)は上手に泳ぐことができます。

He can __________ well.

(3) 彼女は上手にテニスをすることができます。

She can __________ tennis well.

swim / jump / play / sing

**2** 次のユウヤについて書かれた表を見て、質問(しつもん)に合う答えの文を [　　] から選び、＿＿ に英語を書きましょう。　1つ10点〔20点〕

(1) Can he dance well?

__________

(2) Can he play basketball?

__________

| ユウヤができること | ユウヤができないこと |
|---|---|
| ・料理<br>・バスケットボール | ・上手に踊(おど)ること<br>・バドミントン |

Yes, he can. / No, he can't.

聞く　話す　読む　書く

勉強した日　月　日

# Sounds and Letters
# プラスワーク

音声

教科書　16～17 ページ、26～27 ページ
36～37 ページ、48～49 ページ

答え　6 ページ

音声を聞いて、アルファベットをなぞりましょう。　t15

大文字

A B C D E F G H I J K L M

N O P Q R S T U V W X Y Z

小文字

a b c d e f g h i j k l m

n o p q r s t u v w x y z

アルファベットの音と形を
おさらいしようね！


形が似(に)ている大文字をなぞって、もう２～３回書きましょう。

C G

E F

O Q

形が似ている小文字をなぞって、もう2～3回書きましょう。

b d

i j

u v

**1** 音声を聞いて、強く言っているところの記号を（　）に書きましょう。

t16

例 ham · burg · er
　　ア　　イ　　ウ

（　ア　）

(1) lem · on
　　ア　　イ

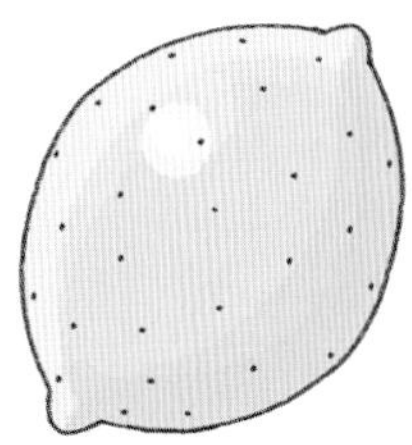

（　　　）

(2) gui · tar
　　ア　　イ

（　　　）

(3) Ju · ly
　　ア　イ

（　　　）

(4) li · brar · y
　　ア　イ　　ウ

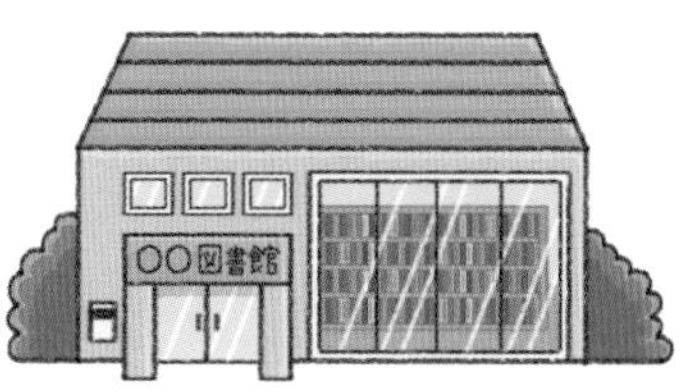


（　　　）

(5) Sep · tem · ber
　　ア　　イ　　ウ

（　　　）

勉強した日　月　日

## Let's go to the zoo. ①—1

# 基本のワーク

**学習の目標**
町にあるしせつや様子を表す英語を言えるようになりましょう。

音声

教科書　50～57 ページ

## しせつや様子を表すことばを覚えよう！

✪ リズムに合わせて、声に出して言いましょう。　言えたらチェック □□□　♪ a27

□ **park**　複 parks
公園

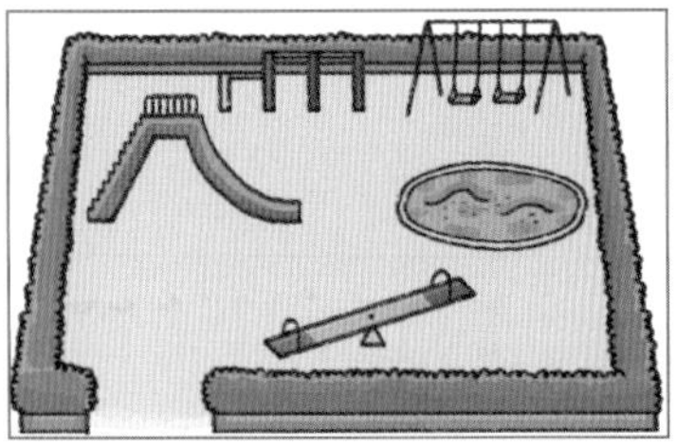

□ **library**　複 libraries
図書館、図書室

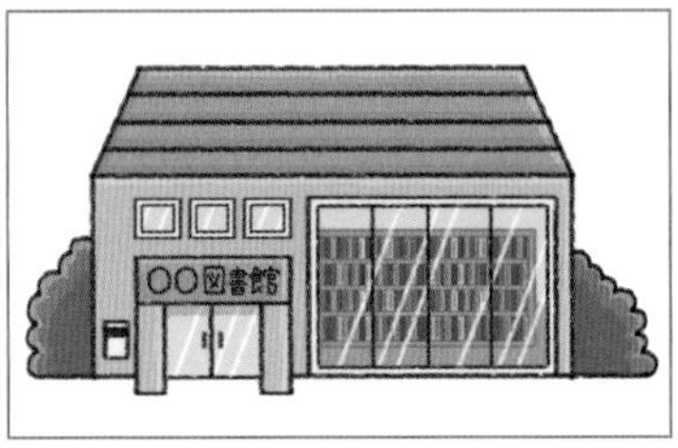


□ **aquarium**　複 aquariums
水族館

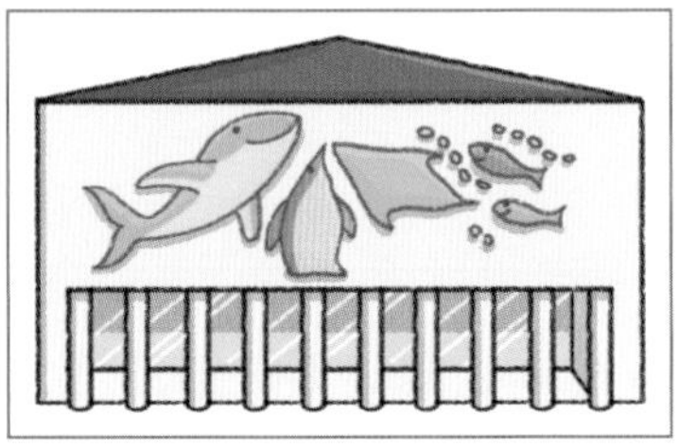

□ **zoo**　複 zoos
動物園

□ **museum**　複 museums
博物館、美術館（びじゅつ）

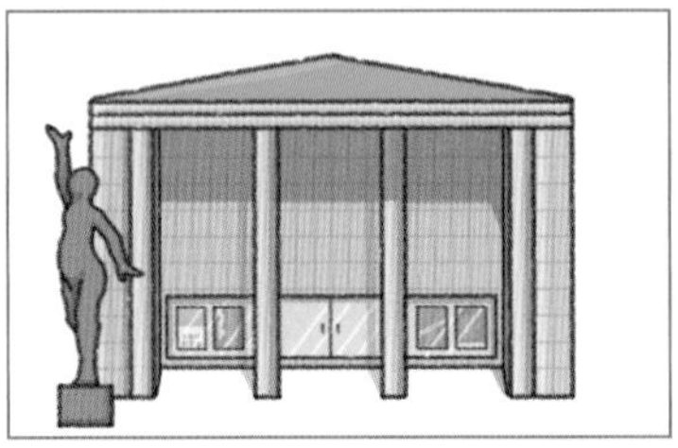

□ **restaurant**　複 restaurants
レストラン

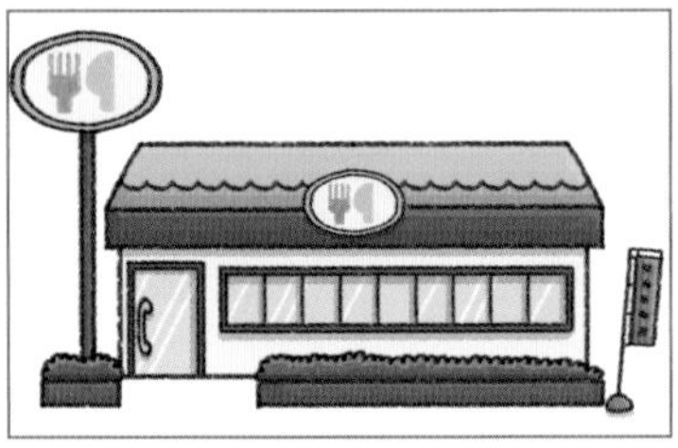

□ **good**
良い

□ **nice**
すてきな、親切な

□ **famous**
有名な

### Word ワードボックス　♪ a28

| | | | | | |
|---|---|---|---|---|---|
| □ bookstore(s) | 書店 | □ airport(s) | 空港 | □ bus stop(s) | バス停（てい） |
| □ beach(es) | 浜辺（はまべ） | □ church(es) | 教会 | □ castle(s) | 城 |
| □ shrine(s) | 神社 | □ temple(s) | 寺 | □ stadium(s) | スタジアム |
| □ amusement park(s) | 遊園地 | □ elementary school(s) | 小学校 | | |

複…複数形（ふくすう）

# 書いて練習のワーク

読みながらなぞって、1～2回書きましょう。

park

公園

library

図書館、図書室

aquarium

水族館

zoo

動物園

museum

博物館、美術館

restaurant

レストラン

good

良い

nice

すてきな、親切な

famous

有名な



英語のトビラ！ restaurant はもともとはフランス語。フランスで昔、元気を回復させるようなスープを売り出していたあるお店が「レストラン」と呼(よ)ばれていたことから、料理と飲み物を出すお店をさすことばになったと言われているよ。

勉強した日　月　日

# Let's go to the zoo. ①—2

# 基本のワーク

学習の目標　町にあるしせつやその様子を英語で紹介できるようになりましょう。

音声

♪a29　教科書 50～57ページ

## 1 町にあるもののたずね方

言えたらチェック

What do you have in your town?
あなたの町には何がありますか。

「あなたの町には何がありますか」は、What do you have in your town? と言います。

声に出して言ってみよう　次の英語を言いましょう。

たずね方 What do you have in your town?

ちょこっとプラス
「あなたの国には」とたずねるときは、in your country［カントゥリィ］と言います。

## 2 町にあるものの答え方

言えたらチェック

We have a nice library.
すてきな図書館があります。

「(わたしたちには) ～があります」は、We have ～. と言います。

声に出して言ってみよう　□に入ることばを入れかえて言いましょう。

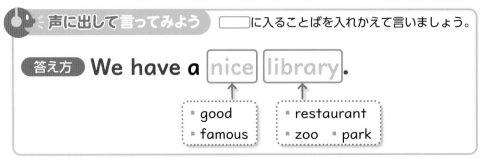

答え方 We have a nice library.

- good
- famous

- restaurant
- zoo
- park

ちょこっとプラス
nice はものを表すことばの前に置いて「すてきな」という意味を表します。

ステップアップ　「～と…があります」と言うときは、and［アンド］を使います。
例　We have a nice library and a famous zoo.　すてきな図書館と有名な動物園があります。

# 書いて練習のワーク

読みながらなぞって、もう１回書きましょう。

What do you have in your town?

あなたの町には何がありますか。

We have a nice library.

すてきな図書館があります。

We have a good restaurant.

良いレストランがあります。

We have a famous zoo.

有名な動物園があります。



英語のトビラ！ what は「何」とたずねるときの他に、What!（なんだって！）とおどろきやいかりの気持ちを表すときにも使うよ。

Unit 5

# 聞いて練習のワーク

勉強した日　月　日

できた数　/7問中

音声

教科書　50～57ページ　答え　7ページ

**1** 音声を聞いて、英語に合う絵を下から選んで、記号を（　）に書きましょう。　t17

(1)（　　　）　(2)（　　　）　(3)（　　　）　(4)（　　　）

ア　水族館

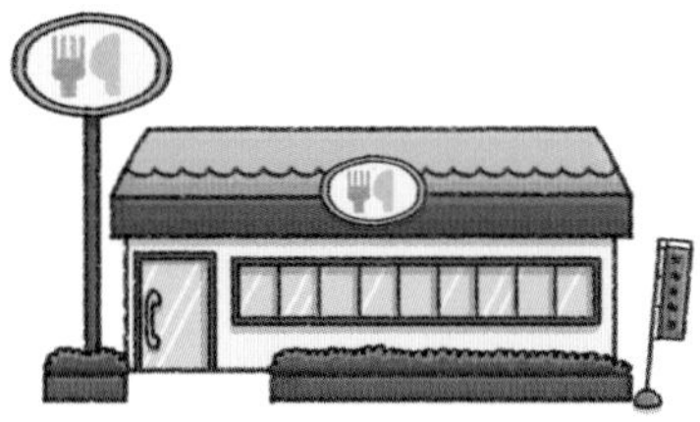

イ　レストラン

ウ　動物園

エ　図書館

**2** 音声を聞いて、それぞれの人物の町にあるものを下から選んで、記号を（　）に書きましょう。　t18

| | 名　前 | 町にあるもの |
|---|---|---|
| (1) | Misato | （　　　） |
| (2) | Koji | （　　　） |
| (3) | John | （　　　） |

ア　公園　　イ　博物館、美術館（びじゅつ）　　ウ　図書館

エ　水族館　　オ　レストラン

# まとめのテスト

## Let's go to the zoo. ①

得点　　/50点

時間 20分

教科書 50〜57ページ　答え 7ページ

**1** 日本語の意味を表す英語を［　］から選んで、＿＿に書きましょう。　1つ5点〔20点〕

(1) 水族館　＿＿＿＿

(2) 有名な　＿＿＿＿

(3) 博物館、美術館　＿＿＿＿

(4) スタジアム　＿＿＿＿

museum / zoo / stadium
park / aquarium / famous

**2** 日本語の意味を表す英語の文を［　］から選んで、＿＿に書きましょう。　1つ15点〔30点〕

(1) あなたの町には何がありますか。

＿＿＿＿

＿＿＿＿

(2) [(1)に答えて] 有名な浜辺(はまべ)があります。

＿＿＿＿

What do you have in your town?
When is your birthday?
We have a famous beach.
We have a nice beach.

聞く　話す　読む　書く

勉強した日　　月　　日

# Let's go to the zoo. ②—1

# 基本のワーク

**学習の目標**
町にある建物やしせつを表す英語を言えるようになりましょう。

音声

教科書 50～57 ページ

## 建物やしせつを表すことばを覚えよう！

リズムに合わせて、声に出して言いましょう。　言えたらチェック □□□　a30

□ **town**　複 towns
町

□ **junior high school**　複 junior high schools
中学校

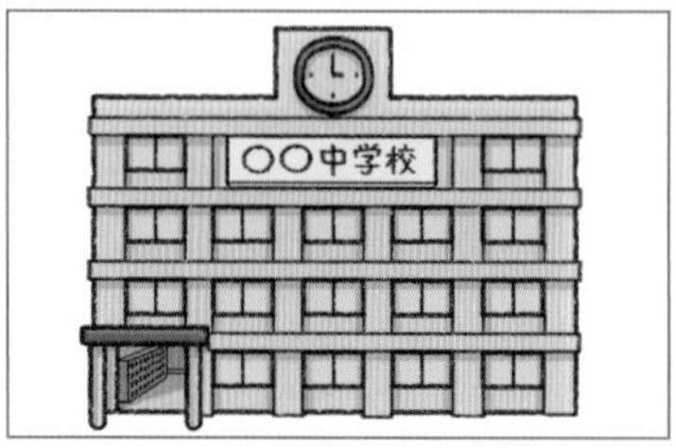


□ **police station**　複 police stations
警察署（けいさつしょ）

□ **fire station**　複 fire stations
消防署（しょうぼう）

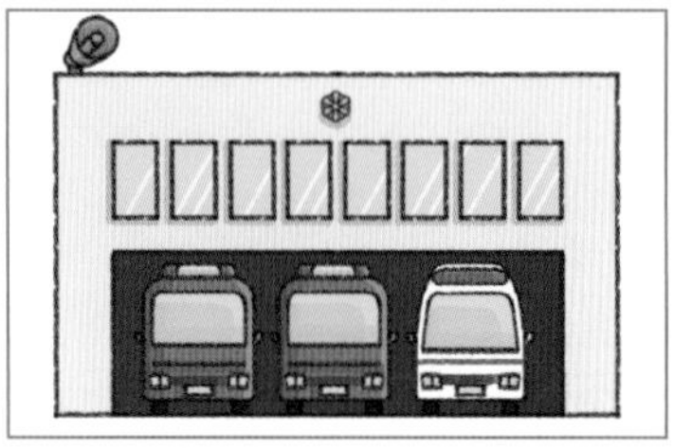

□ **station**　複 stations
駅

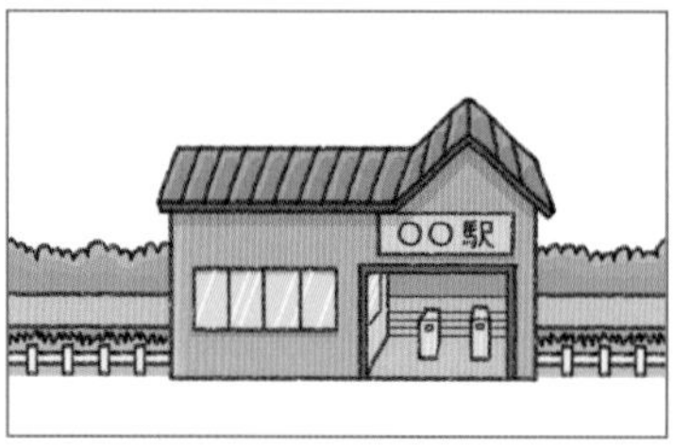


□ **convenience store**　複 convenience stores
コンビニエンスストア

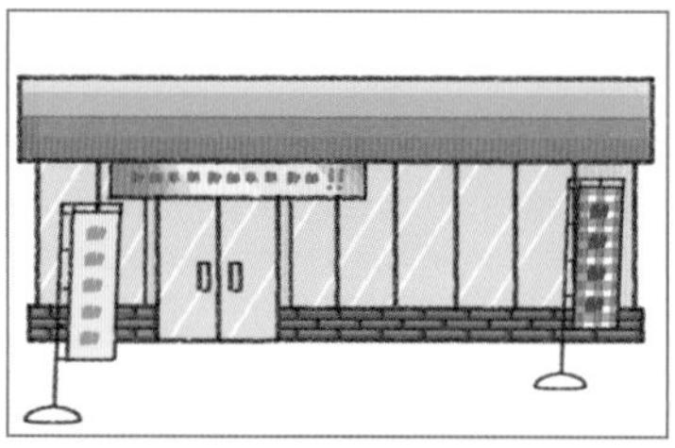

□ **supermarket**　複 supermarkets
スーパーマーケット

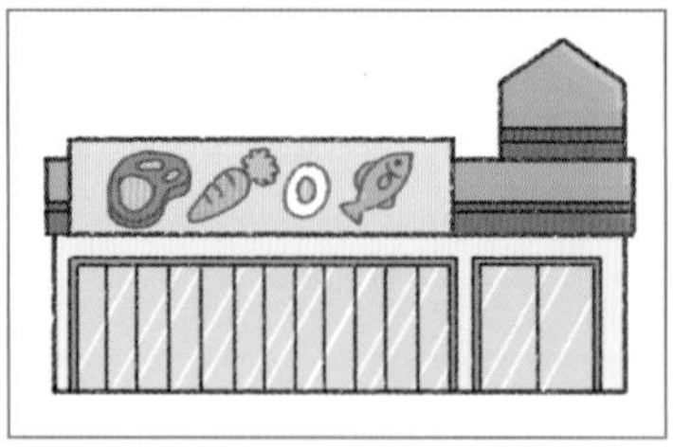

□ **hospital**　複 hospitals
病院

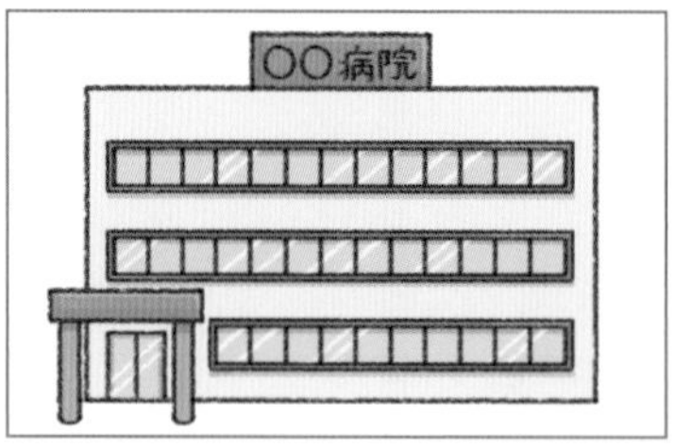


□ **post office**　複 post offices
郵便局（ゆうびん）

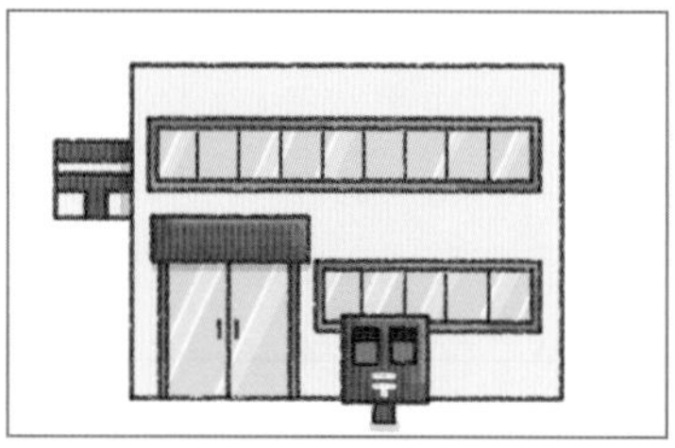

## ワードボックス　a31

| | | | | | |
|---|---|---|---|---|---|
| □ go | 行く | □ turn | 向きを変える、曲がる | □ see | 見る、見える |
| □ straight | まっすぐに | □ right | 右、右に | □ left | 左、左に |
| □ block(s) | 一区画 | □ corner(s) | 角 | □ by | そばに |
| □ on | 上に | □ in | 中に | □ under | 下に |

複…複数形（ふくすう）

# 書いて練習のワーク

✪ 読みながらなぞって、もう１回書きましょう。

town
町

station
駅

junior high school
中学校

police station
警察署

fire station
消防署

convenience store
コンビニエンスストア

supermarket
スーパーマーケット

hospital
病院

post office
郵便局



英語のトビラ！ station には「駅」、「…局」、「…署」などの意味があるよ。bus［バス］station（バスの発着所）、radio［レイディオウ］station（ラジオ局）など、いろいろな場所の名前に使われているよ。

# Let's go to the zoo. ② — 2
# 基本のワーク

学習の目標
英語で道をたずねたり、道案内をしたりできるようになりましょう。

音声　♪a32　教科書　50〜57 ページ

## 1 道のたずね方

言えたらチェック □□□

Excuse me.
Where is the library?
すみません。図書館はどこですか。

❀道をたずねるときは、**Where is 〜?**（〜はどこですか）と言います。

**声に出して言ってみよう**　□に入ることばを入れかえて言いましょう。

たずね方　**Where is the** [library]**?**
- post office
- stadium

**表現べんり帳**
人に声をかけるときは、Excuse me.（すみません）などと言います。

## 2 道案内のし方

言えたらチェック □□□

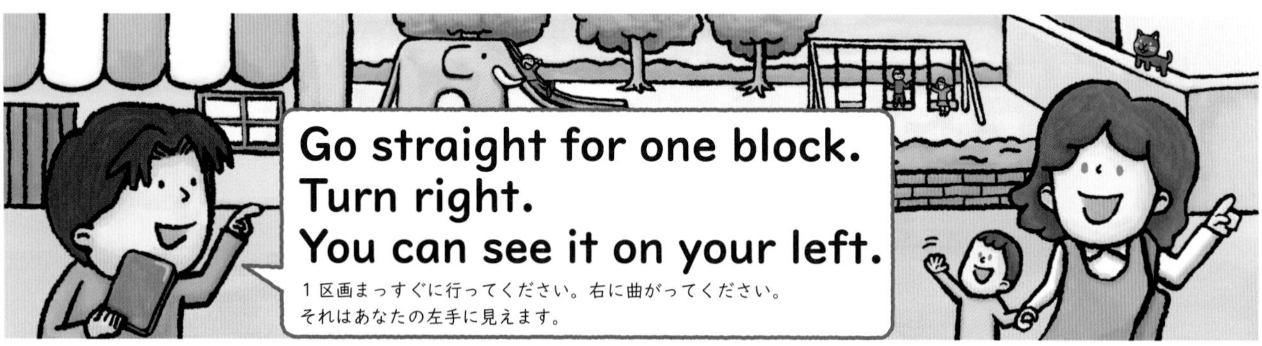
Go straight for one block.
Turn right.
You can see it on your left.
1区画まっすぐに行ってください。右に曲がってください。
それはあなたの左手に見えます。

❀「〜区画まっすぐに行ってください」は、**Go straight for 〜 block(s).** と言います。
❀「右に［左に］曲がってください」は、**Turn right[left].** と言います。
❀「それはあなたの左［右］手に見えます」は、**You can see it on your left[right].** と言います。

**声に出して言ってみよう**　□に入ることばを入れかえて言いましょう。

答え方
**Go straight for** [one block]**.**
- two blocks
- three blocks

**Turn** [right]**. You can see it on your** [left]**.**
- left（Turn の□）
- right（your の□）

**表現べんり帳**
道案内をして、Thank you.（ありがとう）とお礼を言われたら、You're welcome.［ヤ **ウェ**ルカム］（どういたしまして）などと言います。

**ステップアップ**
where is は where's［(フ) ウェアズ］と短く言うこともできます。
例 Where's the library?　図書館はどこですか。

# 書いて練習のワーク

✪ 読みながらなぞって、もう１回書きましょう。

Where is the library?

図書館はどこですか。

Go straight for one block.

１区画まっすぐに行ってください。

Turn right.

右に曲がってください。

You can see it on your left.

それはあなたの左手に見えます。

Go straight for two blocks.

２区画まっすぐに行ってください。

Turn left.

左に曲がってください。

You can see it on your right.

それはあなたの右手に見えます。



英語のトビラ！ Excuse me. は人の前を横切るときや、人にぶつかったときなどにも使うよ。ただし、相手にめいわくをかけてしまってあやまるときは、Sorry.［サリィ］や I'm sorry. と言うよ。

# 聞いて練習のワーク

教科書 50～57 ページ　答え 8 ページ

勉強した日　　月　　日

できた数　　/8問中

音声

**1** 音声を聞いて、英語に合う絵を下から選んで、記号を（　）に書きましょう。　♪ t19

(1)（　　　）　(2)（　　　）　(3)（　　　）　(4)（　　　）

ア 警察署（けいさつしょ）

イ 駅

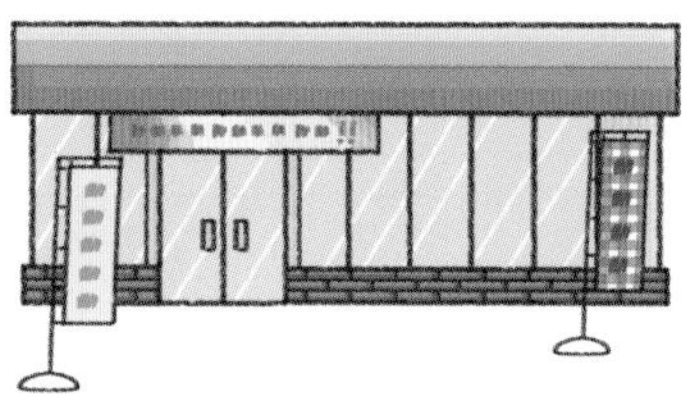

ウ コンビニエンスストア

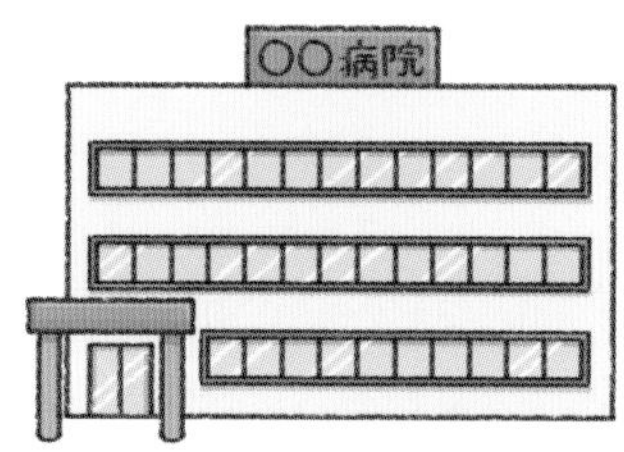


エ 病院

**2** 音声を聞いて、下の地図で建物やしせつがどこにあるかを選んで、記号を（　）に書きましょう。★が今いるところです。　♪ t20

(1) 中学校（　　　）　(2) スーパーマーケット（　　　）

(3) 郵便局（ゆうびんきょく）（　　　）　(4) 消防署（しょうぼうしょ）（　　　）

# まとめのテスト

勉強した日　月　日

## Let's go to the zoo. ②

得点　/50点

時間 20分

教科書 50～57ページ　答え 8ページ

**1** 日本語の意味になるように［　］から選んで、＿＿に英語を書きましょう。文の最初にくることばは大文字で書きはじめましょう。　1つ10点〔40点〕

(1) 教会はどこですか。

＿＿＿＿ is the church?

(2) まっすぐに行ってください。

＿＿＿＿ straight.

(3) 右に曲がってください。

＿＿＿＿ right.

(4) それはあなたの左手に見えます。

You can ＿＿＿＿ it on your left.

［turn / go / play / see / where / what］

**2** スタジアムへの道案内になるように、英語を［　］から選んで、記号を（　）に書きましょう。★が今いるところです。　〔10点〕

*A:* Excuse me.  Where is the stadium?

*B:* (　　　) → (　　　) → (　　　)

*A:* Thank you.

*B:* You're welcome.

ア　You can see it on your left.
イ　Go straight for two blocks.
ウ　Turn left.
エ　Turn right.

聞く　話す　読む　書く

Unit 6

勉強した日　月　日

# At a restaurant. ①—1

# 基本のワーク

**学習の目標**
飲み物や食べ物を英語で言えるようになりましょう。

音声

教科書　62～67ページ

## 飲み物や食べ物を表すことばを覚えよう！

リズムに合わせて、声に出して言いましょう。　言えたらチェック □□□　a33

□ **coffee**
コーヒー

□ **tea**
紅茶（こうちゃ）、茶

□ **milk**
牛乳（ぎゅうにゅう）

□ **juice**
ジュース

□ **mineral water**
ミネラルウォーター

□ **cake**　複 cakes
ケーキ

□ **parfait**　複 parfaits
パフェ

□ **ice cream**
アイスクリーム

□ **chocolate**
チョコレート

□ **hamburger**　複 hamburgers
ハンバーガー

□ **pizza**
ピザ

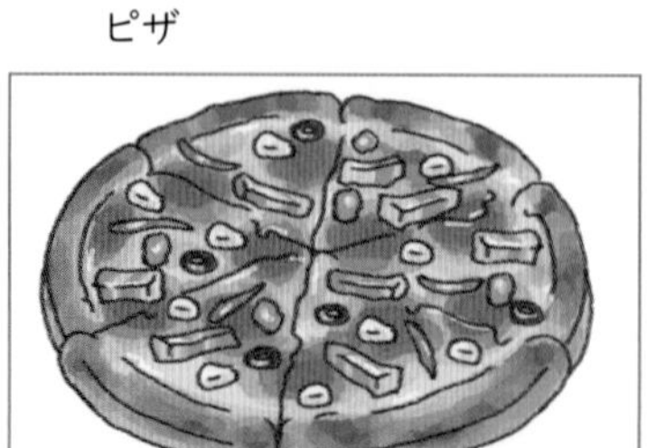

□ **salad**
サラダ

複…複数形（ふくすうけい）



英語カード 8～18

# 書いて練習のワーク

読みながらなぞって、1～2回書きましょう。

coffee
コーヒー

tea
紅茶、茶

milk
牛乳

juice
ジュース

mineral water
ミネラルウォーター

cake
ケーキ

parfait
パフェ

ice cream
アイスクリーム

chocolate
チョコレート

hamburger
ハンバーガー

pizza
ピザ

salad
サラダ



英語のトビラ！ a cake は、切り分ける前のまるごと１つのケーキのことだよ。切り分けたあとのケーキは、「１つの、１切れの」という意味の piece［ピース］を使って、a piece of cake（１切れのケーキ）のように言うよ。

勉強した日 月 日

## At a restaurant. ① — 2

# 基本のワーク

**学習の目標**
レストランなどで、英語で注文できるようになりましょう。

音声

♪ a34　教科書 62～67 ページ

## 1 注文の受け方

言えたらチェック

What would you like?
何をめしあがりますか。
MENU

✿注文を受けるときは、**What would you like?**（何をめしあがりますか）と言います。

**声に出して言ってみよう** 次の英語を言いましょう。

たずね方 **What would you like?**

What を強く読もう！

## 2 注文のし方

言えたらチェック

I'd like a hamburger and salad.
ハンバーガーとサラダをください。

✿注文をするときは、**I'd like ～.**（～をください）と言います。

**声に出して言ってみよう** □に入ることばを入れかえて言いましょう。

答え方 **I'd like** [a hamburger and salad].

- pizza and juice
- ice cream and tea
- a parfait and coffee

**ちょこっとプラス**
I'd は I would を短くした言い方です。
would like は want（ほしい）をていねいにした言い方です。

**ステップアップ** 注文するときは、I'd like a hamburger, please. と please［プリーズ］をつけると、もっとていねいになります。

# 書いて練習のワーク

読みながらなぞって、もう１回書きましょう。

What would you like?

何をめしあがりますか。

I'd like a hamburger and salad.

ハンバーガーとサラダをください。

What would you like?

何をめしあがりますか。

I'd like pizza and juice.

ピザとジュースをください。



英語のトビラ！ parfait はフランス語の「パルフェ」からきたと言われているよ。「パルフェ」は、「完全な」つまり「パーフェクトな」という意味だよ。

Unit 6

# 聞いて練習のワーク

教科書 62～67ページ　答え 9ページ

できた数　/8問中

音声

**1** 音声を聞いて、注文しているものが絵と合っていれば○、合っていなければ×を（　）に書きましょう。 t21

(1)

（　　　）

(2)

（　　　）

(3)

（　　　）

(4)

（　　　）

**2** 音声を聞いて、それぞれの人物が注文しているものを下からすべて選んで、記号を（　）に書きましょう。同じ記号を何度使用してもかまいません。 t22

| | 名　前 | 注文しているもの |
|---|---|---|
| (1) | Takumi | （　　　） |
| (2) | Yumi | （　　　） |
| (3) | Koji | （　　　） |
| (4) | Nana | （　　　） |

ア　ハンバーガー　　イ　カレーライス　　ウ　ピザ

エ　フライドポテト　　オ　サラダ　　カ　アイスクリーム

キ　パフェ　　ク　コーヒー　　ケ　紅茶（こうちゃ）

# まとめのテスト

勉強した日　　月　　日

## At a restaurant. ①

得点　/50点

時間 20分

教科書 62～67 ページ　答え 9ページ

**1** 日本語の意味を表す英語を から選んで、 に書きましょう。　1つ6点〔30点〕

(1) 牛乳（ぎゅうにゅう）

(2) パフェ

(3) 紅茶

(4) ケーキ

(5) ミネラルウォーター

juice / mineral water / tea / parfait / cake / milk

**2** 日本語の意味を表す英語の文を から選んで、 に書きましょう。　1つ10点〔20点〕

(1) 何をめしあがりますか。

(2) [(1)に答えて]　ピザとコーヒーをください。

I have pizza and coffee. / I'd like pizza and coffee.
What food do you like? / What would you like?

聞く　話す　読む　書く

勉強した日　月　日

## At a restaurant. ② — 1

# 基本のワーク

**学習の目標**
大きい数を英語で言えるようになりましょう。

音声

教科書　62～67ページ

## 大きい数を表すことばを覚えよう！

✪ リズムに合わせて、声に出して言いましょう。　言えたらチェック □□□　♪ a35

- □ **twenty**　20　20
- □ **thirty**　30　30
- □ **forty**　40　40
- □ **fifty**　50　50
- □ **sixty**　60　60
- □ **seventy**　70　70
- □ **eighty**　80　80
- □ **ninety**　90　90
- □ **one hundred**　100　100

### Word ワードボックス　♪ a36

| | | | | | | | | | |
|---|---|---|---|---|---|---|---|---|---|
| □ one | 1 | □ two | 2 | □ three | 3 | □ four | 4 | □ five | 5 |
| □ six | 6 | □ seven | 7 | □ eight | 8 | □ nine | 9 | □ ten | 10 |
| □ eleven | 11 | □ twelve | 12 | □ thirteen | 13 | □ fourteen | 14 | □ fifteen | 15 |
| □ sixteen | 16 | □ seventeen | 17 | □ eighteen | 18 | □ nineteen | 19 | | |

### ことば解説（かいせつ）

46 は forty-six と言います。258 は two hundred and fifty-eight と言います。

# 書いて練習のワーク

読みながらなぞって、１～２回書きましょう。

twenty

20

thirty

30

forty

40

fifty

50

sixty

60

seventy

70

eighty

80

ninety

90

one hundred

100

聞く
話す
読む
書く

英語のトビラ！ 13歳から19歳までの10代の若者を teenager［ティーネイヂァ］と言うよ。年齢を表す数が thirteen、fourteen など teen で終わるからだよ。

勉強した日　月　日

## At a restaurant. ② — 2

# 基本のワーク

学習の目標

食事の注文や値段(ねだん)について英語で言えるようになりましょう。

音声

♪ a37　教科書 62～67 ページ

## 1 注文のし方と値段のたずね方

言えたらチェック

I'd like a hamburger and salad.
How much is it?
ハンバーガーとサラダをください。いくらですか。

✿注文するときは、I'd like ～.（～をください）と言います。

✿値段をたずねるときは、How much is it?（いくらですか）と言います。

声に出して言ってみよう　次の英語を言いましょう。

**I'd like a hamburger and salad.**

たずね方 **How much is it?**

音声をまねて言おう。

## 2 値段の言い方

言えたらチェック

It's 810 yen.
810円です。

✿「～円です」と値段を答えるときは、It's ～ yen. と言います。

声に出して言ってみよう　□に入ることばを入れかえて言いましょう。

答え方 **It's [810] yen.**

・980　・870　・750

**表現(ひょうげん)べんり帳**

値段を答えるときは、～ yen, please.（～円いただきます）と言うこともできます。

例 How much is the juice?
— 180 yen, please.
そのジュースはいくらですか。
— 180円いただきます。

ステップアップ　合計金額(きんがく)は、「～を足して」という意味の plus［プラス］を使って、570 yen plus 240 yen is 810 yen. と言うこともできます。

# 書いて練習のワーク

✪ 読みながらなぞって、もう１回書きましょう。

I'd like a hamburger and salad.

ハンバーガーとサラダをください。

How much is it?

いくらですか。

It's 810 yen.

810 円です。

How much is it?

いくらですか。

It's 980 yen.

980 円です。



英語のトビラ！　アメリカのお金の単位は「ドル」（dollar［ダラァ］）と「セント」（cent［セント］）だよ。１ドルは 100 セント。硬貨は 1、5、10、25 セントの４種類がよく使われるよ。

Unit 6

# 聞いて練習のワーク

教科書 62～67 ページ　答え 9ページ

勉強した日　月　日

できた数　/7問中

音声

**1** 音声を聞いて、数字が絵と合っていれば○、合っていなければ×を（　）に書きましょう。　t23

(1) 30

（　　）

(2) 50

（　　）

(3) 100

（　　）

(4) 80

（　　）

**2** 音声を聞いて、それぞれの合計金額(きんがく)を数字で（　）に書きましょう。　t24

(1)  ＋  ＝（　　　）yen

(2)  ＋  ＝（　　　）yen

(3) 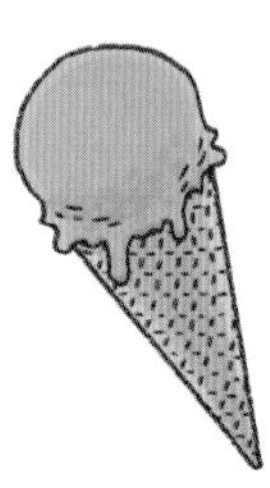 ＋  ＝（　　　）yen

# まとめのテスト

勉強した日　月　日

## At a restaurant. ②

得点　/50点

時間 20分

教科書 62～67ページ　答え 10ページ

**1** 大きい数を表す英語を［　］から選んで、＿＿に英語で書きましょう。　1つ5点〔20点〕

(1) 50 ＿＿＿＿

(2) 90 ＿＿＿＿

(3) 46 ＿＿＿＿

(4) 88 ＿＿＿＿

thirty / fifteen / fifty / forty-six / eighty-eight / ninety

**2** 日本語の意味になるように［　］から選んで、＿＿に英語を書きましょう。文の最初にくることばは大文字で書きはじめましょう。　1つ10点〔30点〕

(1) ピザとジュースをください。

I'd ＿＿＿＿ pizza and juice.

(2) いくらですか。

＿＿＿＿ much is it?

(3) ［(2)に答えて］ 600円です。

＿＿＿＿ 600 yen.

it's / what / how / like

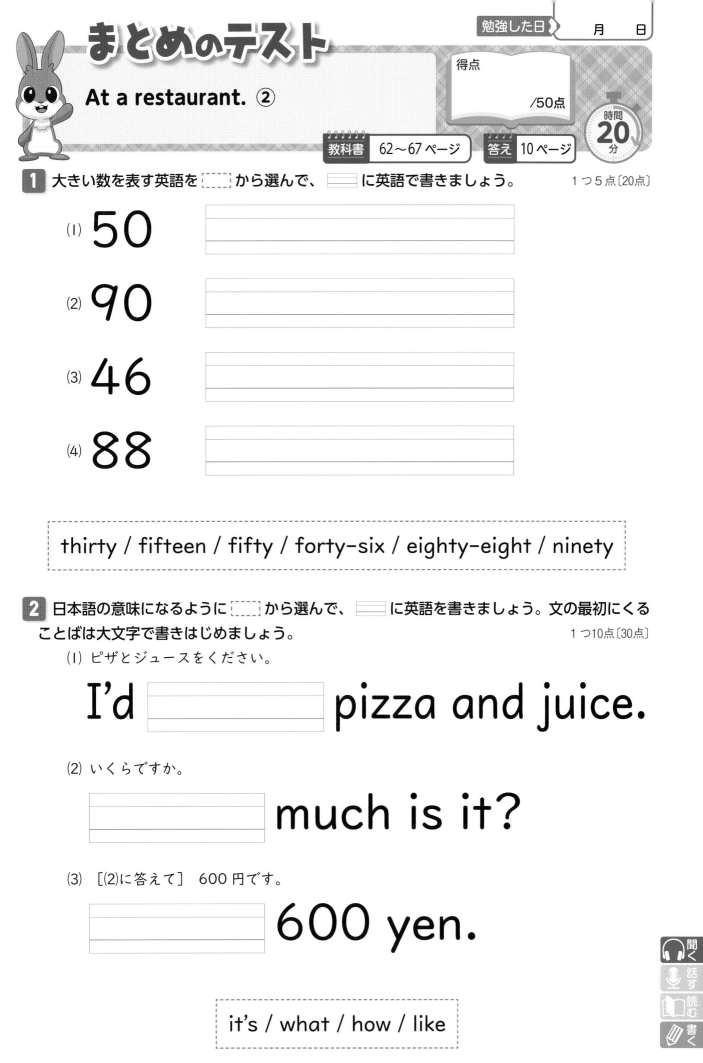

聞く　話す　読む　書く

勉強した日　月　日

# Welcome to Japan! ① — 1

# 基本のワーク

**学習の目標**
季節や動作を英語で言えるようになりましょう。

音声

教科書　74〜79ページ

## 季節と動作を表すことばを覚えよう！

リズムに合わせて、声に出して言いましょう。　言えたらチェック　a38

☐ **spring**
春

☐ **summer**
夏

☐ **fall**
秋

☐ **winter**
冬

☐ **see**
見る、見える

☐ **go**
行く

☐ **eat**
食べる

☐ **buy**
買う

☐ **swim**
泳ぐ

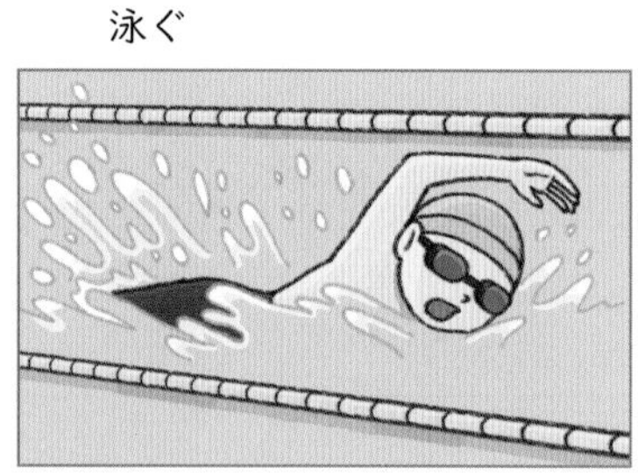

## ワードボックス　a39

- ☐ see fireworks　花火を見る
- ☐ see the cherry blossoms　桜の花を見る
- ☐ go to temples　寺に行く
- ☐ eat *dango*　だんごを食べる
- ☐ buy food　食べ物を買う
- ☐ see the snow festival　雪まつりを見る
- ☐ go fishing　魚つりに行く
- ☐ go to the zoo　動物園に行く
- ☐ eat delicious food　とてもおいしい食べ物を食べる
- ☐ swim in the sea　海で泳ぐ

# 書いて練習のワーク

読みながらなぞって、2回書きましょう。

spring

春

summer

夏

fall

秋

winter

冬

see

見る、見える

go

行く

eat

食べる

buy

買う

swim

泳ぐ

英語のトビラ！ アメリカでは日本のように全国でいっせいに新年をむかえるわけではないよ。アメリカは国土が広く、国内でも時差があるから、東海岸の方から新年をむかえ、ハワイが一番おそく新年をむかえるよ。

勉強した日　月　日

## Welcome to Japan! ① — 2

# 基本のワーク

学習の目標：行きたい場所について英語で紹介し合えるようになりましょう。

音声

a40　教科書 74～79ページ

## 1 行きたい場所のたずね方

言えたらチェック

Where do you want to go in Japan?
あなたは日本でどこに行きたいですか。

「あなたは日本でどこに行きたいですか」は、**Where do you want to go in Japan?** と言います。

**声に出して言ってみよう**　次の英語を言いましょう。

たずね方 **Where do you want to go in Japan?**

**ちょこっとプラス**
Where do you want to ～? は「あなたはどこに［で］～したいですか」という意味です。「～」には動作を表すことばが入ります。

## 2 行きたい場所の答え方

言えたらチェック

Hirosaki
I want to go to Hirosaki in spring.
わたしは春に弘前に行きたいです。

「わたしは…（季節）に～（場所）に行きたいです」は、**I want to go to ～ in ....** と言います。「～」には場所を表すことば、「...」には季節を表すことばが入ります。

**声に出して言ってみよう**　□に入ることばを入れかえて言いましょう。

答え方 **I want to go to** Hirosaki **in** spring.

- Nagaoka　- Kyoto　- Sapporo
- summer　- fall　- winter

**ちょこっとプラス**
Japan、Hirosaki など、国名や地名を表すことばは、文の途中でも最初の文字を必ず大文字で書きます。

**ステップアップ**　want は「～がほしい」という意味ですが、want のあとに「～すること」を表す〈to ＋動作を表すことば〉がくると、「～がほしい」＋「～すること」→「～したい」という意味になります。

# 書いて練習のワーク

読みながらなぞって、もう１回書きましょう。

Where do you want to go
in Japan?

あなたは日本でどこに行きたいですか。

I want to go to Hirosaki
in spring.

わたしは春に弘前に行きたいです。

I want to go to Kyoto
in fall.

わたしは秋に京都（きょうと）に行きたいです。

聞く 話す 読む 書く

英語のトビラ！「あなたは～に行きたいですか」とたずねるときは、Do you want to go to ～? と言うよ。答えるときは、Yes, I do.（はい、行きたいです）/ No, I don't.（いいえ、行きたくありません）と言うよ。

勉強した日　月　日

# Welcome to Japan! ① — 3
# 基本のワーク

学習の目標：行きたい理由をたずねたり、答えたりできるようになりましょう。

音声

♪ a41　教科書 74〜79ページ

## 1 その場所に行きたい理由のたずね方

言えたらチェック

Hirosaki
Why do you want to go to Hirosaki?
あなたはなぜ弘前（ひろさき）に行きたいのですか。

「あなたはなぜ〜に行きたいのですか」は、**Why do you want to go to 〜?** と言います。「〜」には場所を表すことばが入ります。

**声に出して言ってみよう**　□に入ることばを入れかえて言いましょう。

たずね方　**Why do you want to go to** Hirosaki **?**

- Nagaoka
- Kyoto
- Sapporo

**ちょこっとプラス**
why は相手の言うことに対して「なぜですか」と理由をたずねるときに使うことばです。

## 2 その場所に行きたい理由の答え方

言えたらチェック

I want to see the cherry blossoms.
わたしは桜（さくら）の花を見たいです。

「わたしは〜したいです」は、**I want to 〜.** と言います。「〜」には動作を表すことばが入ります。

**声に出して言ってみよう**　□に入ることばを入れかえて言いましょう。

答え方　**I want to** see the cherry blossoms**.**

- see fireworks
- go to temples
- see the Sapporo Snow Festival

**ちょこっとプラス**
see 〜 で「〜を見る」、go to 〜 で「〜に行く」という意味です。行きたい場所で見たいものや、おとずれたい建物などを答えましょう。

**ステップアップ**　祭りや建物などにつけられた特有の名前は、文の中でも必ず最初の文字を大文字で書きます。
例 the Sapporo Snow Festival　札幌（さっぽろ）雪まつり、Himeji Castle　姫路城（ひめじじょう）、Lake Biwa　琵琶湖（びわこ）

# 書いて練習のワーク

読みながらなぞって、もう１回書きましょう。

Why do you want to go to
Hirosaki?

あなたはなぜ弘前に行きたいのですか。

I want to see the cherry
blossoms.

わたしは桜の花を見たいです。

I want to see fireworks.

わたしは花火を見たいです。



英語のトビラ！ 英語で「花」「草花」はふつう flower［フラウア］と言うよ。cherry blossoms（桜の花）や apple blossoms（リンゴの花）のように、果物（くだもの）の木にさく花は、ふつう flower ではなく blossom と言うんだ。

# Unit 7 聞いて練習のワーク

教科書 74～79ページ　答え 10ページ

できた数　　/7問中

音声

**1** 音声を聞いて、絵の内容と合っていれば○、合っていなければ×を（　）に書きましょう。　t25

(1)

（　　　）

(2)

（　　　）

(3)

（　　　）

(4)

（　　　）

**2** 音声を聞いて、それぞれの人物が行きたい場所と、そこに行きたい理由を下から選んで、記号を（　）に書きましょう。　t26

| | 名　前 | 行きたい場所 | そこに行きたい理由 |
|---|---|---|---|
| (1) | Mary | （　　　） | （　　　） |
| (2) | Tom | （　　　） | （　　　） |
| (3) | Anna | （　　　） | （　　　） |

ア　札幌（さっぽろ）　　イ　京都（きょうと）　　ウ　弘前（ひろさき）

エ　寺に行きたい　　オ　花火を見たい　　カ　雪まつりを見たい

キ　桜（さくら）の花を見たい

# まとめのテスト

勉強した日　　月　　日

## Welcome to Japan! ①

得点　/50点

時間 20分

教科書 74～79ページ　答え 11ページ

**1** 英語の意味を表す日本語を[　]から選んで、(　)に書きましょう。　1つ9点〔18点〕

(1) go fishing　(　　　　)

(2) see the snow festival　(　　　　)

雪まつりを見る　海で泳ぐ　動物園に行く　魚つりに行く

**2** 日本語の意味を表す英語の文を[　]から選んで、＿＿に書きましょう。　1つ8点〔32点〕

(1) あなたは日本でどこに行きたいですか。

(2) [(1)に答えて]　わたしは京都に行きたいです。

(3) あなたはなぜ京都に行きたいのですか。

(4) [(3)に答えて]　わたしは食べ物を買いたいです。

I want to go to Kyoto. / I want to buy food.
Why do you want to go to Kyoto?
Where do you want to go in Japan?

聞く　話す　読む　書く

勉強した日　月　日

# Welcome to Japan! ②—1
# 基本のワーク

学習の目標
感想・様子を英語で言えるようになりましょう。

音声

教科書 74～79 ページ

## 感想や様子を表すことばを覚えよう！

リズムに合わせて、声に出して言いましょう。　言えたらチェック □□□　a42

□ amazing
おどろくほどすばらしい

□ colorful
色あざやかな

□ beautiful
美しい

□ interesting
おもしろい

□ exciting
わくわくさせる

□ popular
人気のある

□ wonderful
すばらしい、おどろくべき

□ famous
有名な

□ good
良い、おいしい

### ワードボックス　a43

| | | | | | | | |
|---|---|---|---|---|---|---|---|
| □ blue | 青 | □ red | 赤 | □ pink | もも | □ white | 白 |
| □ black | 黒 | □ yellow | 黄 | □ orange | だいだい | □ green | 緑 |
| □ circle(s) | 円 | □ square(s) | 正方形 | □ triangle(s) | 三角形 | □ heart(s) | ハート形 |

# 書いて練習のワーク

✪ 読みながらなぞって、1～2回書きましょう。

amazing

おどろくほどすばらしい

colorful

色あざやかな

beautiful

美しい

interesting

おもしろい

exciting

わくわくさせる

popular

人気のある

wonderful

すばらしい、おどろくべき

famous

有名な

good

良い、おいしい



英語のトビラ！ pop music（ポップミュージック）の pop［パップ］は popular［パピュラァ］を短くした言い方だよ。正式には、popular music と言うよ。

勉強した日　月　日

## Welcome to Japan! ② — 2

# 基本のワーク

**学習の目標**
自分のしたいことや感想・様子を英語で言えるようになりましょう。

音声

♪a44　教科書 74～79 ページ

## 1 したいことのたずね方

言えたらチェック

What do you want to do in Kofu?
あなたは甲府で何をしたいですか。

✿「あなたは～で何をしたいですか」は、**What do you want to do in ～?** と言います。「～」には場所を表すことばが入ります。

**声に出して言ってみよう**　□に入ることばを入れかえて言いましょう。

たずね方 **What do you want to do in** [Kofu]**?**

・Sendai　・Nara　・Lake Biwa

**ちょこっとプラス**
What do you ～? と相手にたずねる文は、文の最後を下げるような調子で読みます。

## 2 したいこと、感想や様子の答え方

言えたらチェック

I want to eat *hoto*. It's good.
わたしはほうとうを食べたいです。それはおいしいです。

✿「わたしは～したいです」は、**I want to ～.** と言います。「～」には動作を表すことばが入ります。

✿感想や様子をつけ加えるときは、**It's ～.** と言います。

**声に出して言ってみよう**　□に入ることばを入れかえて言いましょう。

答え方 **I want to** [eat *hoto*]**.** **It's** [good]**.**

・see the Sendai Tanabata Festival
・go to Todaiji Temple　・go fishing

・colorful　・interesting
・exciting

**表現べんり帳**
相手の話を聞いて「(それは) よさそうだね」「いいね」と言うときは、Sounds [サウンヅ] nice! などと言います。

**ステップアップ**　ふつう、日本の「寺」は temple、「神社」は shrine と言います。「東大寺」は Todaiji Temple、「伊勢神宮」は Ise Shrine と言います。

# 書いて練習のワーク

読みながらなぞって、もう１回書きましょう。

What do you want to do in Kofu?

あなたは甲府で何をしたいですか。

I want to eat hoto.

わたしはほうとうを食べたいです。

It's good.

それはおいしいです。

I want to see the Sendai Tanabata Festival.

わたしは仙台七夕まつりを見たいです。

英語のトビラ！ スペインには、「トマティーナ」というトマトを投げ合うお祭りがあるよ。

# 聞いて練習のワーク

勉強した日　月　日

できた数　/7問中

音声

教科書 74～79ページ　答え 11ページ

**1** 音声を聞いて、英語に合う絵を下から選んで、記号を（　）に書きましょう。 t27

(1)（　　　）　(2)（　　　）　(3)（　　　）　(4)（　　　）

ア　良い、おいしい

イ　おもしろい

ウ　美しい

エ　有名な

**2** 音声を聞いて、それぞれの人物がしたいことを下から選んで、記号を（　）に書きましょう。 t28

| | 名　前 | したいこと |
|---|---|---|
| (1) | Mike | （　　） |
| (2) | Lisa | （　　） |
| (3) | John | （　　） |

ア　花火を見る　　イ　寺に行く　　ウ　ほうとうを食べる

エ　魚つりに行く　　オ　雪まつりを見る

勉強した日　月　日

# まとめのテスト
## Welcome to Japan! ②

得点　/50点

時間 20分

教科書 74～79ページ　答え 12ページ

**1** 英語の意味を表す日本語を[　]から選んで、(　)に書きましょう。　1つ5点〔20点〕

(1) circle (　　　　)

(2) square (　　　　)

(3) popular (　　　　)

(4) exciting (　　　　)

| 人気のある　円　三角形 |
|---|
| 美しい　わくわくさせる　正方形 |

**2** 日本語の意味を表す英語の文を[　]から選んで、＿＿に書きましょう。　1つ10点〔30点〕

(1) あなたは東京（とうきょう）で何をしたいですか。

＿＿＿＿＿＿＿＿＿＿＿＿＿＿＿＿

＿＿＿＿＿＿＿＿＿＿＿＿＿＿＿＿

(2) [(1)に答えて]　わたしは上野（うえの）動物園に行きたいです。

＿＿＿＿＿＿＿＿＿＿＿＿＿＿＿＿

(3) [(2)に続けて]　それはおどろくほどすばらしいです。

＿＿＿＿＿＿＿＿＿＿＿＿＿＿＿＿

| I want to go to Ueno Zoo. / It's amazing. |
|---|
| What do you want to do in Tokyo? |
| Where do you want to go in Japan? |

聞く　話す　読む　書く

勉強した日　月　日

## Who is your hero? — 1
# 基本のワーク

学習の目標
職業を英語で言えるようになりましょう。

音声

教科書　84～89ページ

## 職業を表すことばを覚えよう！

リズムに合わせて、声に出して言いましょう。　言えたらチェック　a45

□ **astronaut**
複 astronauts
宇宙飛行士

□ **baker**
複 bakers
パン焼き職人

□ **teacher**
複 teachers
先生

□ **scientist**
複 scientists
科学者

□ **farmer**
複 farmers
農家

□ **singer**
複 singers
歌手

□ **doctor**
複 doctors
医者

□ **vet**
複 vets
獣医

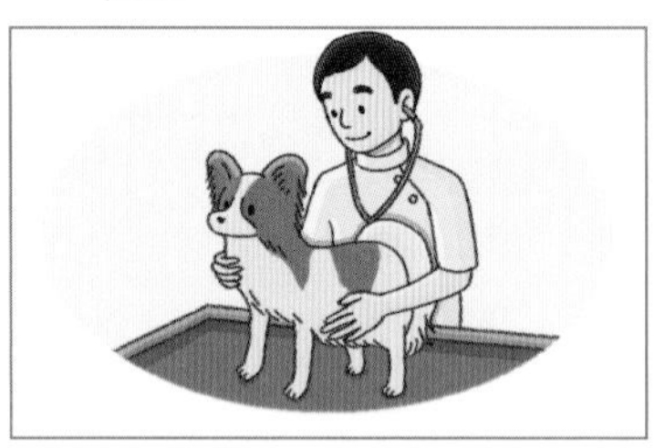

□ **researcher**
複 researchers
研究者

□ **police officer**
複 police officers
警察官

□ **programmer**
複 programmers
プログラマー

□ **flight attendant**
複 flight attendants
客室乗務員

複…複数形

# 書いて練習のワーク

✪ 読みながらなぞって、もう１回書きましょう。

astronaut
宇宙飛行士

baker
パン焼き職人

teacher
先生

scientist
科学者

farmer
農家

singer
歌手

doctor
医者

vet
獣医

researcher
研究者

police officer
警察官

programmer
プログラマー

flight attendant
客室乗務員



英語のトビラ

baker は bake［ベイク］（焼く）、teacher は teach［ティーチ］（教える）、singer は sing（歌う）など、動作を表すことばが職業を表すことばの元になっているものがあるね。

勉強した日　　月　　日

# Who is your hero? — 2

## 基本のワーク

学習の目標
性格や遊びを英語で言えるようになりましょう。

音声

教科書　84～89ページ

### 性格・遊びを表すことばを覚えよう！

✪ リズムに合わせて、声に出して言いましょう。　言えたらチェック □□□　a46

□ **kind**
親切な

□ **active**
活動的な

□ **smart**
利口な

□ **brave**
勇敢な

□ **friendly**
友好的な

□ **camping**
キャンプ

□ **fishing**
魚つり

□ **dancing**
踊り

□ **hiking**
ハイキング

### Word ワードボックス　a47

□ artist(s)　芸術家
□ comedian(s)　お笑い芸人
□ writer(s)　作家
□ office worker(s)　会社員
□ fire fighter(s)　消防士
□ zookeeper(s)　動物園の飼育員

### ことば解説

職業を表すことばは er、ist で終わるものが多いです。

baker　teacher　writer　farmer　programmer　artist　scientist

# 書いて練習のワーク

読みながらなぞって、2回書きましょう。

kind
親切な

active
活動的な

smart
利口な

brave
勇敢な

friendly
友好的な

camping
キャンプ

fishing
魚つり

dancing
踊り

hiking
ハイキング



英語のトビラ！ 日本語で「スマート」と言うと、ふつう「(体が) すらりとしている」を意味することが多いけど、英語の smart にこの意味はないよ。英語では、slim［スリム］や slender［スレンダァ］と言うよ。

勉強した日 月 日

# Who is your hero? — 3
# 基本のワーク

学習の目標
あこがれの人やその理由について英語で言えるようになりましょう。

音声

♪ a48　教科書 84～89 ページ

## 1 あこがれの人のたずね方と答え方

言えたらチェック

Who is your hero?
あなたのヒーローはだれですか。
My hero is my brother.
わたしのヒーローはお兄さん［弟］です。

✿「あなたのヒーローはだれですか」は、Who is your hero? と言います。

✿「わたしのヒーローは～です」は、My hero is ～. と言います。

声に出して言ってみよう　□に入ることばを入れかえて言いましょう。

たずね方 Who is your hero?

答え方 My hero is my [brother].

- sister
- father
- mother

表現べんり帳

ここでの hero は「あこがれの人」「尊敬(そんけい)している人」のような意味です。男性に使うことばですが、最近は男女の区別なく使うようになってきています。

## 2 あこがれている理由のたずね方と答え方

言えたらチェック

Why is he your hero?
彼(かれ)はなぜあなたのヒーローなのですか。
He is kind.
彼は親切です。

✿「彼は［彼女(かのじょ)は］なぜあなたのヒーローなのですか」は、Why is he[she] your hero? と言います。答えるときは、He[She] is ～.（彼は［彼女は］～です）などと答えます。

声に出して言ってみよう　□に入ることばを入れかえて言いましょう。

たずね方 Why is [he] your hero?

- she

答え方 [He] is [kind].

- She
- active
- smart
- brave

ちょこっとプラス

性格(せいかく)以外に、その人ができることなどを答えてもよいです。

例 He can swim fast.
彼は速く泳ぐことができます。

ステップアップ

あこがれの人の名前を入れて答えることもできます。

例 My hero is Sakamoto Ryoma.　わたしのヒーローは坂本龍馬(さかもとりょうま)です。

# 書いて練習のワーク

✪ 読みながらなぞって、もう１回書きましょう。

Who is your hero?

あなたのヒーローはだれですか。

My hero is my brother.

わたしのヒーローはお兄さん［弟］です。

Why is he your hero?

彼はなぜあなたのヒーローなのですか。

He is kind.

彼は親切です。

Why is she your hero?

彼女はなぜあなたのヒーローなのですか。

She is active.

彼女は活動的です。

英語のトビラ！ hero には映画（えいが）や小説などの「主人公」という意味もあるよ。この場合は、女性には heroine［ヘロウイン］を使うよ。

勉強した日　月　日

## Who is your hero? — 4
# 基本のワーク

**学習の目標**
職業や得意なことについて英語で言えるようになりましょう。

音声

♪ a49　教科書 84～89ページ

## 1 あこがれの人の職業の言い方

言えたらチェック □□□

He is a teacher.
彼は先生です。

✿「彼は［彼女は］～（職業）です」は、**He[She] is ～.** と言います。「～」には職業を表すことばが入ります。

**声に出して言ってみよう**　□に入ることばを入れかえて言いましょう。

[He] is a [teacher].

- She
- doctor ・researcher ・farmer

**ちょこっとプラス**
She is は She's［シーズ］、He is は He's［ヒーズ］と、短くして言うこともできます。

## 2 あこがれの人の得意なことの言い方

言えたらチェック □□□

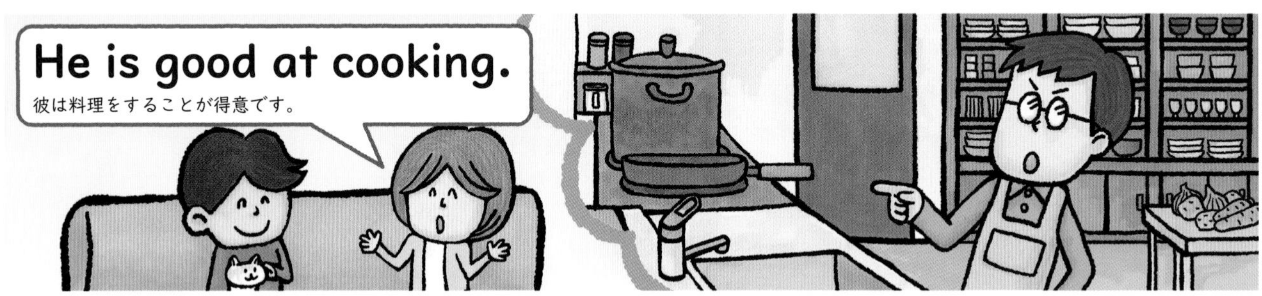
He is good at cooking.
彼は料理をすることが得意です。

✿「彼は［彼女は］～（すること）が得意です」は、**He[She] is good at ～.** と言います。

✿「～」に動作を表すことばを置くときは、ことばの最後に **ing** がついた形にします。**ing** がつくと、「～すること」という意味になります。**cook**（料理をする）→ **cooking**（料理をすること）

**声に出して言ってみよう**　□に入ることばを入れかえて言いましょう。

[He] is good at [cooking].

- She
- fishing
- speaking English
- playing baseball

**ちょこっとプラス**
「わたしは～が得意です」は、I'm good at ～.、「あなたは～が得意です」は、You are good at ～. と言います。

**ステップアップ**
ing のつけ方には、①そのままつけるもの（play → playing）、②最後の e をとってつけるもの（bake → baking）、③最後の文字を重ねるもの（swim → swimming）があります。

# 書いて練習のワーク

✪ 読みながらなぞって、もう1回書きましょう。

He is a teacher.

彼は先生です。

He is good at cooking.

彼は料理をすることが得意です。

She is a doctor.

彼女は医者です。

She is good at fishing.

彼女は魚つりが得意です。

He is good at speaking English.

彼は英語を話すことが得意です。



英語のトビラ！ 相手の話を聞いて、「すごいね！」「いいね！」などと言いたいときは、Great!［グレイト］、Cool!［クール］、Excellent!［エクセレント］などと言えばいいよ。

勉強した日　月　日

Unit 8

# 聞いて練習のワーク

できた数　/7問中

音声

教科書　84～89ページ　答え　12ページ

**1** 音声を聞いて、絵の内容と合っていれば○、合っていなければ×を（　）に書きましょう。　t29

(1)

（　　　）

(2)
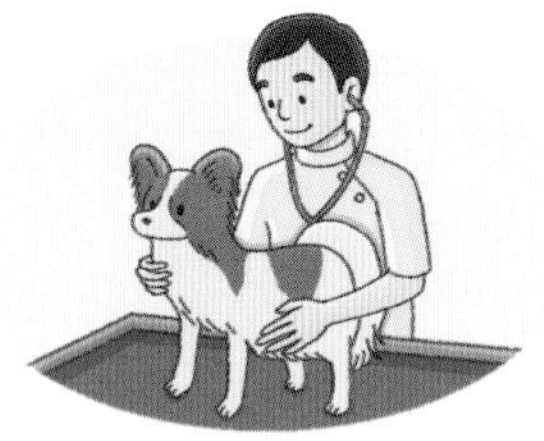
（　　　）

(3)

（　　　）

(4)

（　　　）

**2** 音声を聞いて、それぞれの人物のあこがれの人とその職業、得意なことを下から選んで、記号を（　）に書きましょう。　t30

| | 名　前 | あこがれの人 | 職　業 | 得意なこと |
|---|---|---|---|---|
| (1) | Nana | お父さん | （　　） | （　　） |
| (2) | Koji | （　　） | 先生 | （　　） |
| (3) | Yumi | （　　） | （　　） | 英語を話すこと |

ア　お兄さん［弟］　イ　お姉さん［妹］　ウ　お母さん

エ　歌手　オ　研究者　カ　医者

キ　魚つり　ク　料理をすること　ケ　歌うこと

# まとめのテスト

勉強した日　月　日

## Who is your hero?

得点　/50点

教科書 84～89ページ　答え 13ページ　時間 20分

**1** 日本語の意味になるように [ ] から選んで、＿＿ に英語を書きましょう。文の最初にくることばは大文字で書きはじめましょう。　1つ8点〔32点〕

(1) あなたのヒーローはだれですか。

＿＿＿＿ is your hero?

(2) [(1)に答えて]　わたしのヒーローはお母さんです。

My hero is my ＿＿＿＿.

(3) 彼女（かのじょ）は友好的です。

She is ＿＿＿＿.

(4) 彼女は料理をすることが得意です。

She is good at ＿＿＿＿.

doctor / mother / cook / cooking
who / what / friendly

**2** 日本語の意味を表す英語の文を [ ] から選んで、＿＿ に書きましょう。　1つ9点〔18点〕

(1) 彼（かれ）はなぜあなたのヒーローなのですか。

＿＿＿＿＿＿＿＿

(2) [(1)に答えて]　彼は勇敢（ゆうかん）です。

＿＿＿＿＿＿＿＿

Why do you like winter? / Why is he your hero?
He is brave. / She is active.

聞く　話す　読む　書く

勉強した日　月　日

# Sounds and Letters
# プラスワーク

音声

教科書　60～61 ページ、70～71 ページ
82～83 ページ、92～93 ページ

答え　13 ページ

## 1 音声を聞いて、共通する最初の文字を線で結びましょう。　t31

(1)

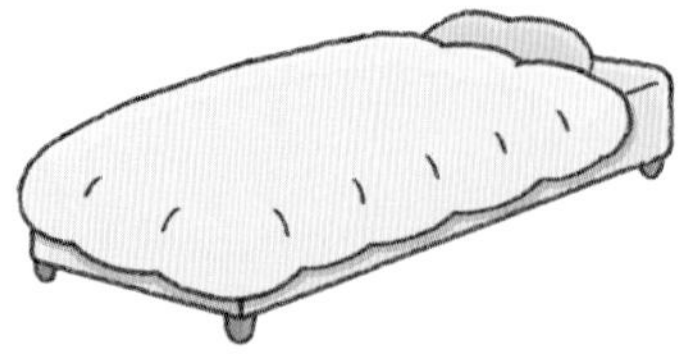

・　　・ b
　　・ d

(2)

・　　・ f
　　・ h

(3)

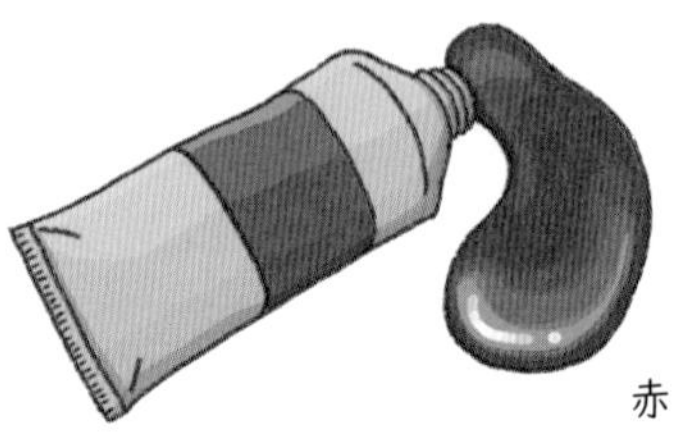

・　　・ r
　　・ s

## 2 音声を聞いて、それぞれの絵が表す単語の最初の文字を線で結びましょう。　t32

(1)

(2)

(3)

| | | |
|---|---|---|
| f | a | d |

## 3 音声を聞いて、終わりの音が同じなら○、ちがっていたら×を（　）に書きましょう。

t33

(1)

（　　　）

(2)

（　　　）

## 4 音声を聞いて、終わりの音が同じものを下から選んで、（　）に記号を書きましょう。

t34

(1)

（　　　）

ア

イ

ウ

(2)

（　　　）

ア

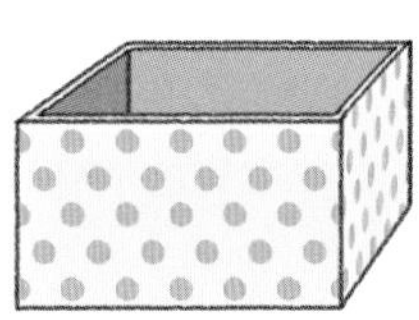

イ

ウ

# ローマ字表〔ヘボン式〕

※［　］は訓令式です。

| | A | I | U | E | O | | | |
|---|---|---|---|---|---|---|---|---|
| A | a ア | i イ | u ウ | e エ | o オ | | | |
| K | ka カ | ki キ | ku ク | ke ケ | ko コ | kya キャ | kyu キュ | kyo キョ |
| S | sa サ | shi [si] シ | su ス | se セ | so ソ | sha [sya] シャ | shu [syu] シュ | sho [syo] ショ |
| T | ta タ | chi [ti] チ | tsu [tu] ツ | te テ | to ト | cha [tya] チャ | chu [tyu] チュ | cho [tyo] チョ |
| N | na ナ | ni ニ | nu ヌ | ne ネ | no ノ | nya ニャ | nyu ニュ | nyo ニョ |
| H | ha ハ | hi ヒ | fu [hu] フ | he ヘ | ho ホ | hya ヒャ | hyu ヒュ | hyo ヒョ |
| M | ma マ | mi ミ | mu ム | me メ | mo モ | mya ミャ | myu ミュ | myo ミョ |
| Y | ya ヤ | — | yu ユ | — | yo ヨ | | | |
| R | ra ラ | ri リ | ru ル | re レ | ro ロ | rya リャ | ryu リュ | ryo リョ |
| W | wa ワ | — | — | — | — | | | |
| N | n ン | | | | | | | |
| G | ga ガ | gi ギ | gu グ | ge ゲ | go ゴ | gya ギャ | gyu ギュ | gyo ギョ |
| Z | za ザ | ji [zi] ジ | zu ズ | ze ゼ | zo ゾ | ja [zya] ジャ | ju [zyu] ジュ | jo [zyo] ジョ |
| D | da ダ | ji [zi] ヂ | zu ヅ | de デ | do ド | | | |
| B | ba バ | bi ビ | bu ブ | be ベ | bo ボ | bya ビャ | byu ビュ | byo ビョ |
| P | pa パ | pi ピ | pu プ | pe ペ | po ポ | pya ピャ | pyu ピュ | pyo ピョ |

# 動画で復習&アプリで練習!

# 重要表現まるっと整理

5年生の重要表現を復習するよ！動画でリズムにあわせて楽しく復習したい人は ❶ を、はつおん練習にチャレンジしたい人は ❷ を読んでね。❶→❷ の順で使うとより効果的だよ！

## ❶「わくわく動画」の使い方

各ページの冒頭についているQRコードを読み取ると、動画の再生ページにつながります。

Alec先生に続けて子どもたちが１人ずつはつおんします。Alec先生が「You!」と呼びかけたらあなたの番です。

It's your turn!（あなたの番です）が出たら、画面に出ている英文をリズムにあわせてはつおんしましょう。

最後に自己表現の練習をします。

It's your turn! が出たら、画面上の英文をはつおんしましょう。　　　の中に入れる単語は Hint! も参考にしましょう。

## ❷「文理のはつおん上達アプリ　おん達」の使い方

ホーム画面下の「かいわ」を選んで、学習したいタイトルをおします。

**トレーニング**

❶ 🔊 をおしてお手本の音声を聞きます。
❷ 🎤 をおして英語をふきこみます。
❸点数を確認し、 をおして自分の音声を聞きましょう。

**チャレンジ**

❶カウントダウンのあと会話が始まります。
❷ 🎤 が光ったら英語をふきこみ、最後にもう一度 🎤 をおします。
❸“Role Change!”と出たら役をかわります。

ダウンロード

アクセスコード

E3JGCF8a

※アクセスコード入力時から15か月間ご利用になれます。
※本サービスは無料ですが、別途各通信会社の通信料がかかります。　※お客様のネット環境および端末によりご利用いただけない場合がございます。
ご理解、ご了承いただきますよう、お願いいたします。　※【推奨環境】スマートフォン、タブレット等（iOS11以上、Android8.0以上）

勉強した日　　月　　日

# 第1回 はじめましてのあいさつ
# 重要表現まるっと整理

動画

✪ アプリを使って会話の練習をしましょう。80点以上になるように何度も練習しましょう。

**トレーニング** はじめましてのあいさつの表現を練習しましょう。＿＿の部分をかえて練習しましょう。

♪ s01

□① Hello. My name is <u>Yuki</u>.　こんにちは、わたしの名前はユキです。

・Keita ・Mary ・John

□② How do you spell your name?　あなたの名前はどのようにつづりますか。

□③ <u>Y-U-K-I. Yuki.</u>　Y、U、K、I。ユキです。

・K-E-I-T-A. Keita. ・M-A-R-Y. Mary. ・J-O-H-N. John.

□④ Nice to meet you.　はじめまして。

□⑤ Nice to meet you, too.　こちらこそ、はじめまして。

**チャレンジ** はじめましてのあいさつの会話を練習しましょう。

♪ s02

Hello. My name is Yuki.
How do you spell your name?
Y-U-K-I. Yuki.
Nice to meet you.
Nice to meet you, too.

第2回
# 誕生日(たんじょうび)について
# 重要表現まるっと整理

5-02 動画

アプリを使って会話の練習をしましょう。80点以上になるように何度も練習しましょう。

**トレーニング** 誕生日についての表現を練習しましょう。___の部分をかえて練習しましょう。

s03

- ① When is your birthday?　あなたの誕生日はいつですか。
- ② My birthday is April 2nd.　わたしの誕生日は4月2日です。
  - ・July 5th ・October 23rd ・January 31st
- ③ What do you want for your birthday?　あなたは誕生日に何がほしいですか。
- ④ I want a bike.　わたしは自転車がほしいです。
  - ・a bag ・a watch ・a cake

**チャレンジ** 誕生日についての会話を練習しましょう。

s04

When is your birthday?
My birthday is April 2nd.
4月
2日
What do you want for your birthday?
I want a bike.

聞く 話す 読む 書く

勉強した日　　月　　日

# 第3回 できることについて 重要表現まるっと整理

5-03 お

動画

✪ アプリを使って会話の練習をしましょう。80点以上になるように何度も練習しましょう。

**トレーニング** できることについての表現を練習しましょう。____の部分をかえて練習しましょう。

♪ s05

□① Can you swim fast?　あなたは速く泳ぐことができますか。

・bake bread well　・sing well　・jump high

□② Yes, I can.　はい、できます。

・No, I can't.

□③ This is Ken.　こちらはケンです。

・Emi　・Yuta　・Satomi

□④ He can swim fast.　彼(かれ)は速く泳ぐことができます。

・She

・bake bread well　・sing well　・jump high

□⑤ Cool!　かっこいい！

・Great!　・Nice!　・Wonderful!

がんばって！


**チャレンジ** できることについての会話を練習しましょう。

♪ s06

Can you swim fast?
Yes, I can.
This is Ken.
He can swim fast.
Cool!

# 第4回 時間割(じかんわり)や好きな教科について 重要表現まるっと整理

5-04 動画

✪ アプリを使って会話の練習をしましょう。80点以上になるように何度も練習しましょう。

**トレーニング** 時間割や好きな教科についての表現を練習しましょう。＿＿の部分をかえて練習しましょう。

♪ s07

- □① What do you have on Monday?　あなたは月曜日に何がありますか。
  - ・Tuesday ・Thursday ・Friday
- □② I have English on Monday.　わたしは月曜日に英語があります。
  - ・Japanese ・science ・music
  - ・Tuesday ・Thursday ・Friday
- □③ What subject do you like?　あなたは何の教科が好きですか。
- □④ I like math.　わたしは算数が好きです。
  - ・social studies ・P.E. ・arts and crafts

**チャレンジ** 時間割や好きな教科について会話を練習しましょう。

♪ s08

What do you have on Monday?
I have English on Monday.
英語
What subject do you like?
I like math.


聞く　話す　読む　書く

勉強した日　　月　　日

# 第5回 もののある場所について
# 重要表現まるっと整理

5-05　動画

✪ アプリを使って会話の練習をしましょう。80点以上になるように何度も練習しましょう。

**トレーニング**　もののある場所についての表現を練習しましょう。____の部分をかえて練習しましょう。

♪ s09

- □① Where is the pencil?　えんぴつはどこにありますか。
  - ・notebook　・ball　・towel
- □② It's in the pencil case.　それは筆箱の中です。
  - ・bag　・box　・basket
- □③ Where is the pencil case?　筆箱はどこにありますか。
  - ・bag　・box　・basket
- □④ It's on the desk.　それはつくえの上にあります。
  - ・under the chair　・by the door　・under the table

大きな声で言ってみよう！

**チャレンジ**　もののある場所についての会話を練習しましょう。

♪ s10

Where is the pencil?
It's in the pencil case.
Where is the pencil case?
It's on the desk.

# 第6回 道案内 重要表現まるっと整理

5-06 お 動画

アプリを使って会話の練習をしましょう。80点以上になるように何度も練習しましょう。

**トレーニング** 道案内の表現を練習しましょう。＿＿の部分をかえて練習しましょう。

s11

- □① Where is the station? 駅はどこにありますか。
  - ・park ・museum ・school
- □② Go straight for one block. 1区画まっすぐに行ってください。
  - ・two blocks ・three blocks
- □③ Turn right at the corner. その角を右に曲がってください。
  - ・left
  - ・second corner ・third corner
- □④ You can see it on your left. それはあなたの左手に見えます。
  - ・right

**チャレンジ** 道案内の会話を練習しましょう。

s12

Where is the station?
○○駅
Go straight for one block.
Turn right at the corner.
You can see it on your left.


聞く 話す 読む 書く

勉強した日　　月　　日

# 第7回 レストランでの注文

## 重要表現まるっと整理

5-07　動画

✪ アプリを使って会話の練習をしましょう。80点以上になるように何度も練習しましょう。

**トレーニング**　レストランでの注文の表現を練習しましょう。＿＿の部分をかえて練習しましょう。

♪ s13

□① What would you like?　何をめしあがりますか。

□② I'd like fried chicken.　フライドチキンをください。

・curry and rice　・ice cream　・grilled fish

□③ How much is it?　いくらですか。

□④ It's 400 yen.　400円です。

・600　・200　・550

よく聞いてね！

**チャレンジ**　レストランでの注文の会話を練習しましょう。

♪ s14

What would you like?
I'd like fried chicken.
MENU
How much is it?
It's 400 yen.

●勉強した日　　月　　日

# 実力判定(はんてい)テスト　夏休みのテスト

時間 20分

名前　　得点　　/100点

音声　聞く

教科書 8～33ページ　答え 14ページ

**1** 音声を聞いて、絵の内容(ないよう)と合っていれば○、合っていなければ×を（　）に書きましょう。

1つ4点〔16点〕

t35

(1)

（　　　）

(2)

（　　　）

(3)

（　　　）

(4)

（　　　）

**2** 音声を聞いて、それぞれの人物が好きなものを線で結びましょう。

1つ4点〔12点〕

t36

(1)

Mika

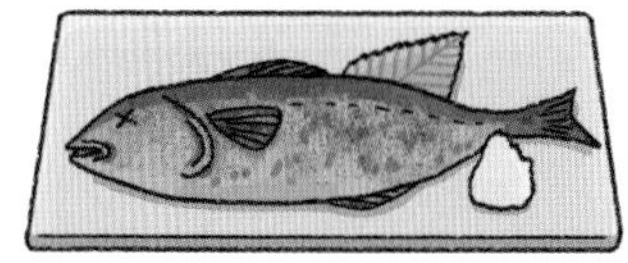

(2)

Haruto

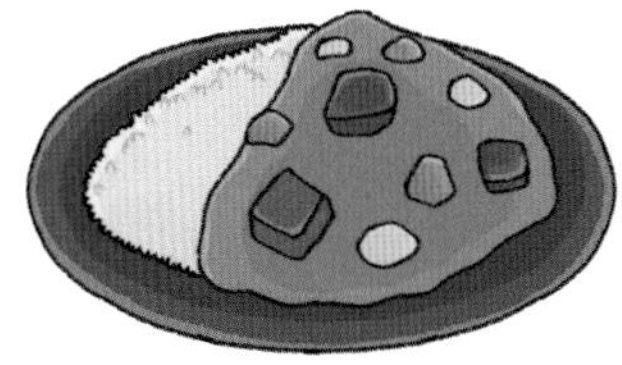

(3)

Risako

**6** メアリーの自己紹介カードを見て、内容に合うように［　　］から選んで、＿＿＿に英語を書きましょう。

1つ10点〔30点〕

Mary

【自己紹介カード】
名前：メアリー
誕生日：12月30日
ほしいもの：新しいコンピューター
できること：料理をすること

My name is Mary.

My birthday is

＿＿＿＿＿＿＿＿ 30th.

I want a new ＿＿＿＿＿＿＿＿

for my birthday.

I can ＿＿＿＿＿＿＿＿ well.

October / November / December
cook / swim / bag / computer

●勉強した日　月　日

実力判定テスト（はんてい）

# 夏休みのテスト

時間 10分

名前　得点　/50点

教科書 8～33ページ　答え 14ページ

書く　読む

**5** 日本語の意味になるように[　]から選んで、[　]に英語を書きましょう。文の最初にくることばは大文字で書きはじめましょう。　1つ5点〔20点〕

(1) はじめまして。

[　　　] to meet you.

(2) わたしはバレーボールが好きではありません。

I [　　　] volleyball.

(3) あなたは速く走ることができますか。

[　　　] you run fast?

(4) [(3)に答えて]　いいえ、できません。しかしわたしは上手（じょうず）に踊（おど）ることができます。

No, I [　　　].

But I can dance well.

like / can / nice / don’t like / can’t

**3** 音声を聞いて、それぞれの人物がほしいものを下から選んで、記号を（　）に書きましょう。

1つ8点〔32点〕

t37

(1)

（　　　　）

(2)

（　　　　）

(3)

（　　　　）

(4)

（　　　　）

ア　新しい辞書　　イ　サッカーの靴（くつ）
ウ　マンガ本　　エ　新しいTシャツ　　オ　ぼうし

**4** アメリカから来た転入生が自己紹介（じこしょうかい）をしています。音声を聞いて、その内容に合うように（　）に数字または日本語を書きましょう。

1つ10点〔40点〕

t38

Tom

| | テーマ | 答え |
|---|---|---|
| (1) | 誕生日（たんじょうび） | （　　　　）月（　　　　）日 |
| (2) | 好きな教科 | （　　　　　　　　） |
| (3) | 演奏（えんそう）できる楽器 | （　　　　　　　　） |
| (4) | 演奏できない楽器 | （　　　　　　　　） |

うら面の問題も解（と）きましょう。

●勉強した日　　月　日

# 実力判定テスト　冬休みのテスト

時間 10分

名前　　得点　／50点

教科書 40～67ページ　答え 15ページ

書く　読む

**5** 日本語の意味になるように　から選んで、　に英語を書きましょう。文の最初にくることばは大文字で書きはじめましょう。　1つ5点〔20点〕

(1) こちらはだれですか。

______ is this?

(2) いくらですか。

______ much is it?

(3) 何をめしあがりますか。

______ would you like?

(4) それはあなたの右手に見えます。

You can ______ it on your right.

what / how / see / who / go

**3** 音声を聞いて、それぞれの人物の町にあるものを下から選んで、記号を（　）に書きましょう。

1つ8点〔32点〕

t41

(1)

Riku

（　　　）

(2)

Tom

（　　　）

(3)

Sae

（　　　）

(4)

Emma

（　　　）

ア　すてきなレストラン　　イ　有名な水族館

ウ　すてきな図書館　　エ　良い公園　　オ　有名な美術(びじゅつ)館

**4** 音声を聞いて、下の地図で建物やしせつがどこにあるかを選んで、記号を（　）に書きましょう。★が今いるところです。

1つ10点〔40点〕

t42

(1) 郵便局(ゆうびん)　（　　　）　(2) スーパーマーケット　（　　　）

(3) 動物園　（　　　）　(4) 教会　（　　　）

うら面の問題も解(と)きましょう。

●勉強した日　　月　　日

実力判定テスト

# 冬休みのテスト

時間 20分

名前

得点　　/100点

音声

教科書 40～67 ページ　答え 15 ページ

聞く

**1** 音声を聞いて、絵の内容と合っていれば○、合っていなければ×を（　）に書きましょう。

1つ4点〔16点〕

t39

(1)
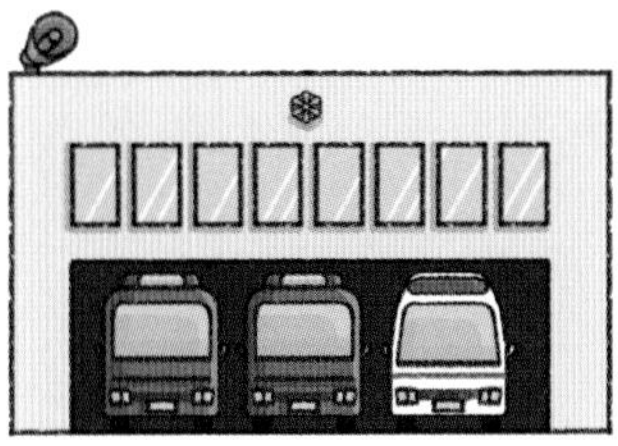
（　　　）

(2)

（　　　）

(3)

（　　　）

(4)
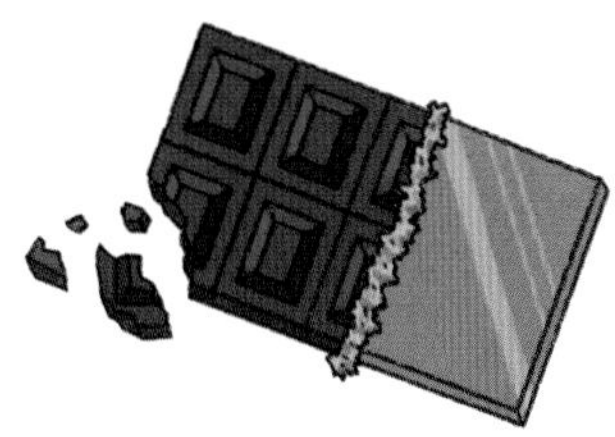
（　　　）

**2** 音声を聞いて、それぞれの人物が注文したものとその値段を線で結びましょう。

1つ4点〔12点〕

t40

(1)

・　　・

・　　・ 700 yen

(2)

・　　・
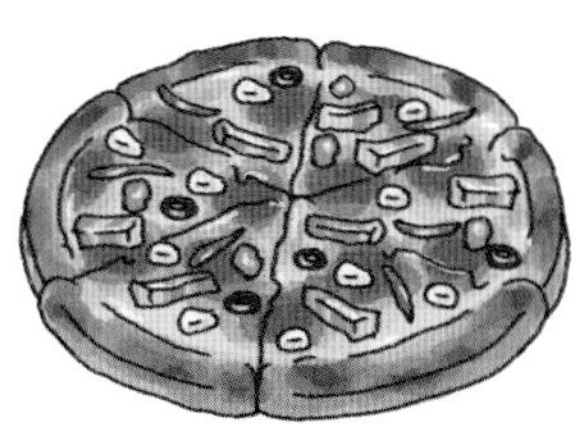
・　　・ 830 yen

(3)

・　　・

・　　・ 690 yen

**6** ケンゴが紹介している人物の内容に合うように［　　］から選んで、＿＿＿に英語を書きましょう。

1つ10点〔30点〕

(1)

祖母

性格：親切
できること：上手に歌う

(2)

友達

性格：活動的
できること：速く走る

(1) This is my ＿＿＿＿＿＿＿＿.
She is kind.
She ＿＿＿＿＿＿＿＿ well.

(2) This is my friend.
He is ＿＿＿＿＿＿＿＿.
He can run fast.

grandfather / can cook / active
brave / grandmother / can sing

●勉強した日　　月　　日

実力判定(はんてい)テスト

# 学年末のテスト

時間 20分

| 名前 | 得点 |
| --- | --- |
| | /100点 |

音声

教科書　8～89ページ　　答え　16ページ

聞く

## 1 音声を聞いて、絵の内容(ないよう)と合っていれば○、合っていなければ×を（　）に書きましょう。

1つ4点〔16点〕

t43

(1)

（　　　）

(2)

（　　　）

(3)

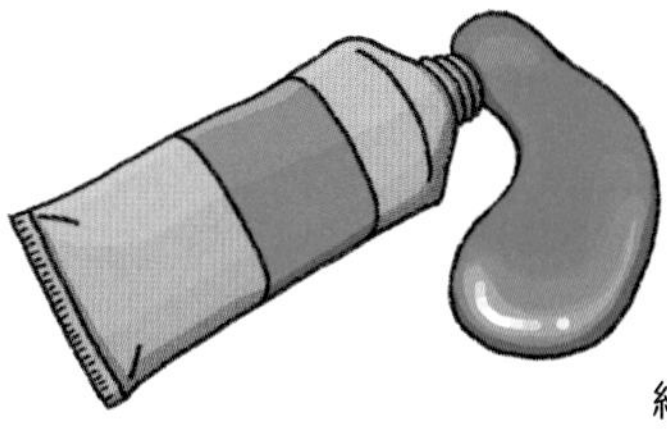

緑

（　　　）

(4)

（　　　）

## 2 音声を聞いて、それぞれの人物の職業(しょくぎょう)と得意(とくい)なことを線で結びましょう。

1つ4点〔12点〕

t44

(1)

・　・・　・

(2)

・　・・　・

(3)

・　・・　・

**6** サムの自己紹介カードを見て、内容に合うように［　　］から選んで、＿＿＿に英語を書きましょう。

1つ10点〔30点〕

Sam

【自己紹介カード】
・すしが好き
・新潟に行きたい
・花火を見たい
・とてもおいしいすしを食べたい

Hello, my name is Sam.

I ＿＿＿＿＿＿ sushi.

I want to go to Niigata.

I want to ＿＿＿＿＿＿ fireworks.

I want to eat ＿＿＿＿＿＿ sushi.

beautiful / go / like
delicious / see

●勉強した日　月　日

実力判定テスト

# 学年末のテスト

時間 10分

名前　得点　/50点

教科書 8～89ページ　答え 16ページ

書く　読む

**5** 日本語の意味になるように [ ] から選んで、＿＿ に英語を書きましょう。文の最初にくることばは大文字で書きはじめましょう。　1つ5点〔20点〕

(1) 駅はどこですか。

＿＿＿＿ is the station?

(2) [(1)に答えて]　右に曲がってください。それはあなたの左手に見えます。

＿＿＿＿ right.  You can see it on your left.

(3) 何をめしあがりますか。

＿＿＿＿ would you like?

(4) [(3)に答えて]　ハンバーガーをください。

＿＿＿＿ like a hamburger.

I'd / where / turn / buy / what / I

**3** 音声を聞いて、それぞれの人物が行きたい場所としたいことを下から選んで、記号を（　）に書きましょう。

1つ4点〔32点〕

t45

| | 行きたい場所 | したいこと |
|---|---|---|
| (1) Hikaru  | （　　） | （　　） |
| (2) Shiori  | （　　） | （　　） |
| (3) Toru  | （　　） | （　　） |
| (4) Miyu  | （　　） | （　　） |

ア　新潟(にいがた)　イ　北海道(ほっかいどう)　ウ　奈良(なら)　エ　岐阜(ぎふ)

オ　京都(きょうと)　カ　寺を見る　キ　雪まつりを見る

ク　海で泳ぐ　ケ　桜(さくら)の花を見る　コ　だんごを食べる

**4** サナがインタビューを受けています。音声を聞いて、その内容に合うように、（　）に日本語を書きましょう。

1つ10点〔40点〕

t46

Sana

| | テーマ | 答え |
|---|---|---|
| (1) | あこがれの人 | （　　　　　　） |
| (2) | (1)の理由 | （　　　　　　）だから |
| (3) | (1)ができること | （　　　　　　）こと |
| (4) | (1)が得意なこと | （　　　　　　）こと |

うら面の問題も解(と)きましょう。

⑲

日曜日

⑳

水曜日

㉑

金曜日

㉒

春

㉓

夏

㉔

秋

㉕

冬

㉖

1 月

㉗

7 月

㉘

12 月

Wednesday

January

summer

Friday

spring

Sunday

winter

December

fall

July

9 
太鼓（たいこ）

10 
ドッジボール

11 
バドミントン

12 
バレーボール

13 
いす

14 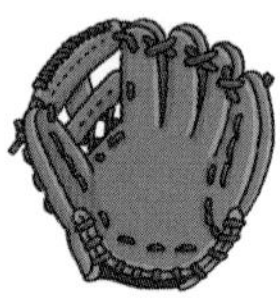
グローブ

15 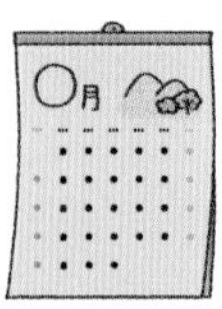
カレンダー

16 
英語

17 
国語

18 
算数

drum
English
volleyball
math
badminton
glove
Japanese
chair
calendar
dodgeball

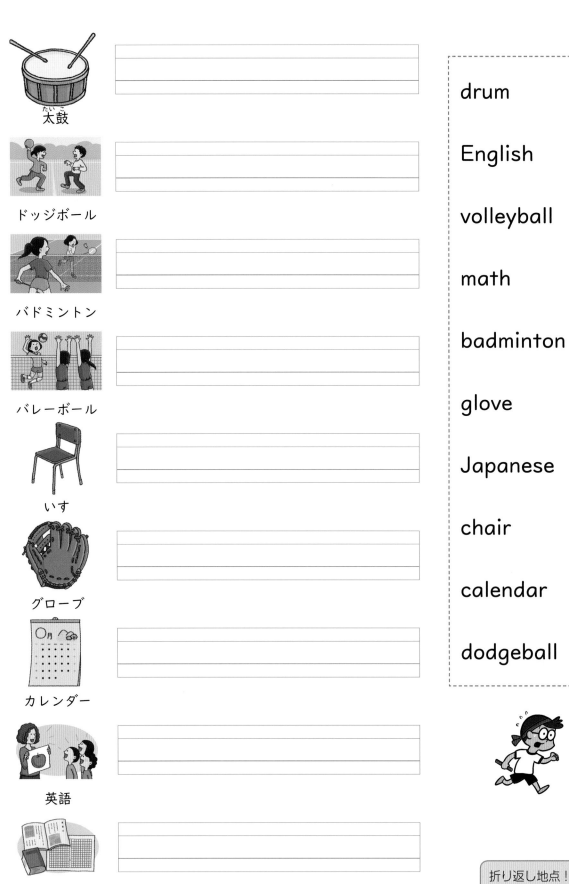

●勉強した日　　月　　日

# 実力判定（はんてい）テスト

## 5年生の単語38語を書こう！ 単語リレー

時間 30分

名前

単語カード 1 ～ 156

答え 18ページ

5年生のわくわく英語カードで覚えた単語のおさらいです。絵に合う単語を［　］から選び、＿＿に書きましょう。

❶ 
家族

❷ 
お父さん

❸ 
お姉さん、妹

❹ 
ステーキ

❺ 
スパゲッティ

❻ 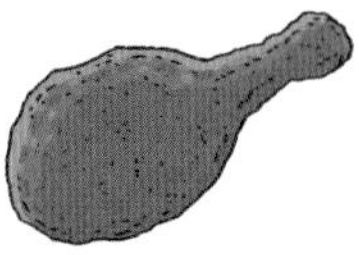
フライドチキン

❼ 
リコーダー

❽ 
ギター

steak
father
sister
guitar
family
fried chicken
spaghetti
recorder

㉙

アメリカ

㉚

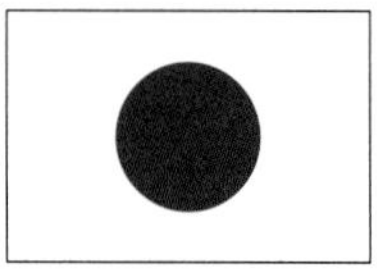

日本

㉛

医者

㉜

先生

㉝

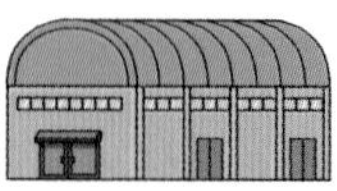

体育館

㉞

駅

㉟

大きい

㊱

親切な

㊲

好きである

㊳

学校へ行く

kind

teacher

go to school

gym

Japan

station

big

America

like

doctor

採点をして正しく書けた語数を入れよう！
語/38語
クリア!

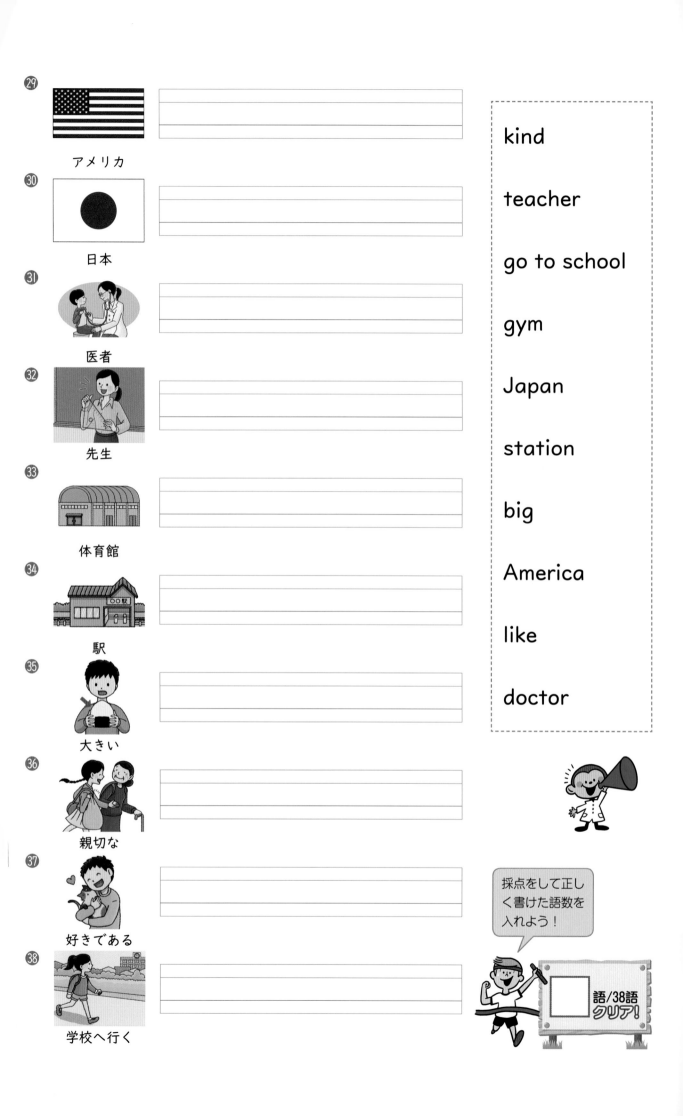

教科書ワーク

# 答えとてびき

「答えとてびき」は、とりはずすことができます。

東京書籍版
英語5年

**使い方**

まちがえた問題は、もう一度よく読んで、なぜまちがえたのかを考えましょう。音声を聞きなおして、あとに続いて言ってみましょう。

## Unit 1

### 16ページ 聞いて練習のワーク

❶ (1) ナナ (2) ハヤト (3) アオイ (4) マサキ

❷ (1) Yuka (2) Jack (3) Mary (4) Naoki

**てびき** ❶ What's your name? は「あなたの名前は何ですか」という意味です。My name is ~.(わたしの名前は~です)などと答えます。
❷ How do you spell your name? は「あなたの名前はどのようにつづりますか」という意味です。名前のつづりを1文字ずつ答えます。

**読まれた英語**

❶ (1) What's your name? — My name is Nana.
(2) What's your name? — My name is Hayato.
(3) What's your name? — My name is Aoi.
(4) What's your name? — My name is Masaki.

❷ (1) How do you spell your name?
— Y-U-K-A. Yuka.
(2) How do you spell your name?
— J-A-C-K. Jack.
(3) How do you spell your name?
— M-A-R-Y. Mary.
(4) How do you spell your name?
— N-A-O-K-I. Naoki.

### 17ページ まとめのテスト

1 (1) What's
(2) My name
(3) Nice

2 (1) How do you spell your name?
(2) Y-U-T-A. Yuta.

**てびき** 1 (1)「あなたの名前は何ですか」は What's your name? と言います。
(2)「わたしの名前は~です」は My name is ~. と言います。
(3)「はじめまして」は Nice to meet you. と言います。
2 (1)(2)「あなたの名前はどのようにつづりますか」は How do you spell your name? と言います。答えるときは、名前をアルファベット1文字ずつに区切って言います。

## 24ページ 聞いて練習のワーク

❶ (1) ○　(2) ×　(3) ×　(4) ○

❷

| | 名前 | スポーツ | 教科 | 食べ物 |
|---|---|---|---|---|
| (1) | Takumi | ( イ ) | ( ク ) | ( コ ) |
| (2) | Yumi | ( エ ) | ( オ ) | ( サ ) |
| (3) | Tom | ( ウ ) | ( キ ) | ( ケ ) |

**てびき** ❶ I like ～. は「わたしは～が好きです」、I don't like ～. は「わたしは～が好きではありません」という意味です。

❷ What ～ do you like? は「あなたはどんな［何の］～が好きですか」という意味です。what sport は「どんなスポーツ」、what subject は「何の教科」、what food は「どんな食べ物」という意味です。I like ～.（わたしは～が好きです）と答えます。

**読まれた英語**

❶ (1) I like volleyball.
(2) I don't like table tennis.
(3) I don't like salad.
(4) I like pizza.

❷ (1) Takumi, what sport do you like?
— I like dodgeball.
What subject do you like?
— I like social studies.
What food do you like?
— I like steak.
(2) Yumi, what sport do you like?
— I like soccer.
What subject do you like?
— I like Japanese.
What food do you like?
— I like pizza.
(3) Tom, what sport do you like?
— I like baseball.
What subject do you like?
— I like music.
What food do you like?
— I like hamburgers.

## 25ページ まとめのテスト

**1** (1) animal
(2) like
(3) don't

**2** (1) I like volleyball.
(2) I like curry and rice.

**てびき** **1** (1)「あなたはどんな動物が好きですか」は What animal do you like? と言います。
(2)「わたしは～が好きです」は I like ～. と言います。
(3)「わたしは～が好きではありません」は I don't like ～. と言います。

**2** (1) What sport do you like? は「あなたはどんなスポーツが好きですか」という意味です。I like volleyball.（わたしはバレーボールが好きです）を選びます。
(2) What food do you like? は「あなたはどんな食べ物が好きですか」という意味です。I like curry and rice.（わたしはカレーライスが好きです）を選びます。

# Unit 2

## 30ページ 聞いて練習のワーク

❶ (1) ウ　(2) イ　(3) ア　(4) エ

❷ (1) 2月10日　(2) 4月11日
(3) 5月3日　(4) 10月22日

てびき　❶ (1) May 5th は「5月5日」、(2) March 3rd は「3月3日」、(3) January 1st は「1月1日」、(4) December 25th は「12月25日」という意味です。

❷ When is your birthday? は「あなたの誕生日（たんじょうび）はいつですか」という意味です。My birthday is〈月〉〈日〉.（わたしの誕生日は～月…日です）と答えます。

読まれた英語

❶ (1) May 5th　(2) March 3rd
(3) January 1st　(4) December 25th

❷ (1) When is your birthday, Takumi?
— My birthday is February 10th.
(2) When is your birthday, Anna?
— My birthday is April 11th.
(3) When is your birthday, Tom?
— My birthday is May 3rd.
(4) When is your birthday, Yumi?
— My birthday is October 22nd.

## 31ページ まとめのテスト

**1** (1) March　(2) June
(3) December　(4) August
(5) November

**2** (1) When is your birthday?
(2) My birthday is May 7th.

てびき　**1** (1)「3月」は March、(2)「6月」は June、(3)「12月」は December、(4)「8月」は August、(5)「11月」は November と言います。

**2** (1)「あなたの誕生日はいつですか」は When is your birthday? と言います。
(2)「わたしの誕生日は～月…日です」は My birthday is〈月〉〈日〉. と言います。

## 36ページ 聞いて練習のワーク

❶ (1) ○　(2) ○　(3) ○　(4) ×

❷

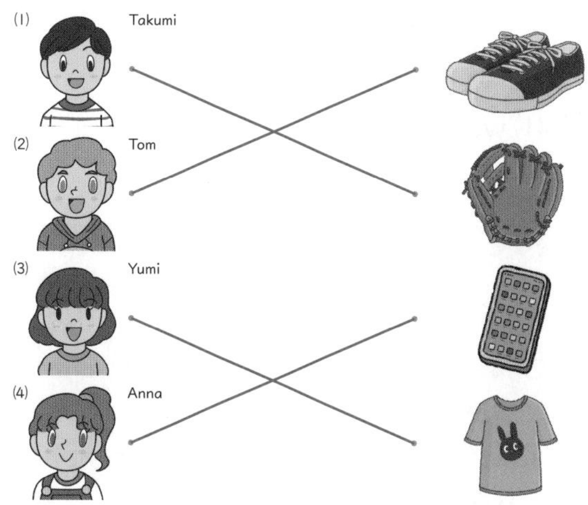


てびき　❶ (1) bag は「かばん」、(2) mug は「マグカップ」、(3) dictionary は「辞書」、(4) comic book は「マンガ本」という意味です。

❷ What do you want for your birthday? は「あなたは誕生日に何がほしいですか」という意味です。I want ～.（わたしは～がほしいです）と答えます。

読まれた英語

❶ (1) bag　(2) mug
(3) dictionary　(4) comic book

❷ (1) What do you want for your birthday, Takumi?
— I want a new glove.
(2) What do you want for your birthday, Tom?
— I want nice shoes.
(3) What do you want for your birthday, Yumi?
— I want a new T-shirt.
(4) What do you want for your birthday, Anna?
— I want a smartphone.

## 37ページ まとめのテスト

**1** (1) What

(2) want

(3) are

(4) This

**2** (1) want (2) want

てびき **1** (1)「あなたは誕生日(たんじょうび)に何がほしいですか」は What do you want for your birthday? と言います。
(2)「わたしは～がほしいです」は I want ～. と言います。
(3)「はい、どうぞ」と相手にものをわたすときは、Here you are. と言います。
(4)「これはあなたにです」は This is for you. と言います。
**2** (1)「あなたは誕生日に何がほしいですか」は What do you want for your birthday? と言います。
(2)「わたしは～がほしいです」は I want ～. と言います。

# Unit 3

## 46ページ 聞いて練習のワーク

**1** (1) × (2) ○ (3) × (4) ○

**2**

| | 名 前 | テニス | バイオリン |
|---|---|---|---|
| (1) | Aoi | ( ○ ) | ( ○ ) |
| (2) | Koji | ( × ) | ( ○ ) |
| (3) | Yuka | ( ○ ) | ( × ) |
| (4) | John | ( × ) | ( × ) |

てびき **1** I can ～. は「わたしは～(することが)できます」、I can't ～. は「わたしは～(することが)できません」という意味です。
**2** Can you ～? は「あなたは～(することが)できますか」という意味です。Yes, I can. (はい、できます) や No, I can't. (いいえ、できません) と答えます。

### 読まれた英語

**1** (1) I can't play the recorder well.
(2) I can cook well.
(3) I can't swim fast.
(4) I can sing well.

**2** (1) Can you play tennis, Aoi?
— Yes, I can.
Can you play the violin well?
— Yes, I can.
(2) Can you play tennis, Koji?
— No, I can't.
Can you play the violin well?
— Yes, I can.
(3) Can you play tennis, Yuka?
— Yes, I can.
Can you play the violin well?
— No, I can't.
(4) Can you play tennis, John?
— No, I can't.
Can you play the violin well?
— No, I can't.

## 47ページ まとめのテスト

**1** (1) can (2) can (3) Can (4) can't

**2** (1) Yes, I can.

(2) No, I can't.

(3) Yes, I can.

てびき **1** (1)「わたしは～(することが) できます」は、I can ～. と言います。
(2)「あなたは～(することが) できます」は、You can ～. と言います。
(3)「あなたは～(することが) できますか」は、Can you ～? と言います。
(4)「わたしは～(することが) できません」は、I can't ～. と言います。
**2** (1) は「あなたはバドミントンをすることができますか」という意味です。
(2) は「あなたは速く泳ぐことができますか」という意味です。
(3) は「あなたは上手(じょうず)に踊(おど)ることができますか」という意味です。

# Unit 4

## 52ページ 聞いて練習のワーク

**1** (1) ○ (2) × (3) × (4) ○
**2** (1) エ (2) オ (3) イ (4) ウ

てびき **1** This is ～. は「こちらは～(さん) です」、He [She] is ～. は「彼(かれ)[彼女(かのじょ)] は～です」という意味です。(1) teacher は「先生」、(2) tennis player は「テニス選手」、(3) baseball player は「野球選手」、(4) basketball player は「バスケットボール選手」という意味です。
**2** (1) brave は「勇敢(ゆうかん)な」、(2) active は「活動的な」、(3) kind は「親切な」、(4) smart は「利口な」という意味です。

### 読まれた英語

**1** (1) This is my mother. She is a teacher.
(2) This is my brother. He is a tennis player.
(3) She is my sister. She is a baseball player.
(4) He is my friend. He is a basketball player.

**2** (1) Who is Takumi?
— He is my friend. He is brave.
(2) Who is Ann?
— She is my sister. She is active.
(3) Who is Koji?
— He is my father. He is kind.
(4) Who is Mami?
— She is my grandmother. She is smart.

## 53ページ まとめのテスト

**1** (1) 男の子　(2) 女性
(3) お母さん　(4) おじいさん

**2** (1) Who is this?
(2) He is my friend.
(3) He is shy.

てびき　**1** (1) boy は「男の子」、(2) woman は「女性」、(3) mother は「お母さん」、(4) grandfather は「おじいさん」という意味です。
**2** (1)「こちらはだれですか」は Who is this? と言います。
(2)「彼(かれ)はわたしの友達です」は He is my friend. と言います。
(3)「彼は内気です」は He is shy. と言います。

## 58ページ 聞いて練習のワーク

**1** (1) ×　(2) ○　(3) ○　(4) ×
**2** (1) ウ　(2) ア　(3) エ　(4) オ

てびき　**1** (1) swim は「泳ぐ」、(2) fly は「飛ぶ」、(3) play the recorder は「リコーダーをふく」、(4) play basketball は「バスケットボールをする」という意味です。
**2** He [She] can ～ well. は「彼は [彼女(かのじょ)は] 上手(じょうず)に～(することが)できます」という意味です。
(1) sing は「歌う」、(2) play tennis は「テニスをする」、(3) play the guitar は「ギターをひく」、(4) cook は「料理をする」という意味です。

読まれた英語
**1** (1) swim
(2) fly
(3) play the recorder
(4) play basketball
**2** (1) This is Takumi.　He can sing well.
(2) This is Anna.　She can play tennis well.
(3) This is Yumi.　She can play the guitar well.
(4) This is Tom.　He can cook well.

## 59ページ まとめのテスト

**1** (1) sing　(2) swim
(3) play

**2** (1) No, he can't.
(2) Yes, he can.

てびき　**1** (1)「歌う」は sing、(2)「泳ぐ」は swim、(3)「テニスをする」は play tennis と言います。
**2** (1)は「彼は上手に踊(おど)ることができますか」という意味です。
(2)は「彼はバスケットボールをすることができますか」という意味です。

## 60～61ページ プラスワーク

**1** (1) ア　(2) イ　(3) イ
(4) ア　(5) イ

てびき　アルファベットの大文字と小文字のそれぞれの形に注意しましょう。C と G、E と F、O と Q は形がにているので気を付けましょう。また、b と d、i と j、u と v はまちがいやすいので気を付けましょう。
**1** (1) lemon は「レモン」、(2) guitar は「ギター」、(3) July は「7 月」、(4) library は「図書館、図書室」、(5) September は「9 月」という意味です。

読まれた英語
**1** (例) hamburger
(1) lemon
(2) guitar
(3) July
(4) library
(5) September

## Unit 5

### 66ページ 聞いて練習のワーク

❶ (1) ウ　(2) ア　(3) イ　(4) エ
❷ (1) オ　(2) ア　(3) イ

てびき
❶ (1) zoo は「動物園」、(2) aquarium は「水族館」、(3) restaurant は「レストラン」、(4) library は「図書館、図書室」という意味です。
❷ What do you have in your town? は「あなたの町には何がありますか」、We have ～. は「(わたしたちには) ～があります」という意味です。

読まれた英語

❶ (1) zoo
(2) aquarium
(3) restaurant
(4) library

❷ (1) What do you have in your town, Misato?
— We have a nice restaurant.
(2) What do you have in your town, Koji?
— We have a famous park.
(3) What do you have in your town, John?
— We have a good museum.

### 67ページ まとめのテスト

1 (1) aquarium　(2) famous
(3) museum　(4) stadium

2 (1) What do you have in your town?
(2) We have a famous beach.

てびき
1 (1)「水族館」は aquarium、(2)「有名な」は famous、(3)「博物館、美術館」は museum、(4)「スタジアム」は stadium と言います。
2 (1)「あなたの町には何がありますか」は What do you have in your town? と言います。
(2)「有名な浜辺がありますか」は We have a famous beach. と言います。

## 72ページ 聞いて練習のワーク

❶ (1) ウ (2) エ (3) ア (4) イ
❷ (1) ウ (2) ア (3) イ (4) オ

てびき ❶ (1) convenience store は「コンビニエンスストア」、(2) hospital は「病院」、(3) police station は「警察署（けいさつしょ）」、(4) station は「駅」という意味です。
❷ Excuse me.（すみません）は人に声をかけるときに使います。Where is ～? は「～はどこですか」という意味です。Go straight for ～ block(s). は「～区画まっすぐに行ってください」、Turn right [left]. は「右に［左に］曲がってください」、You can see it on your right[left]. は「それはあなたの右［左］手に見えます」という意味です。音声を聞きながら、★から指でたどっていきましょう。

読まれた英語

❶ (1) convenience store
(2) hospital
(3) police station
(4) station

❷ (1) Excuse me.
Where is the junior high school?
— Go straight for one block. Turn right.
You can see it on your left.

(2) Excuse me.
Where is the supermarket?
— Go straight for two blocks. Turn left.
You can see it on your right.

(3) Excuse me.
Where is the post office?
— Go straight for one block. Turn left.
Go straight for one block. Turn right.
You can see it on your left.

(4) Excuse me.
Where is the fire station?
— Turn right. Go straight for one block.
Turn left. You can see it on your right.

## 73ページ まとめのテスト

1 (1) Where (2) Go
(3) Turn (4) see

2 イ → エ → ア

てびき 1 (1)「～はどこですか」は、Where is ～? と言います。
(2)「まっすぐに行ってください」は、Go straight. と言います。
(3)「右に曲がってください」は、Turn right. と言います。
(4)「それはあなたの左手に見えます」は、You can see it on your left. と言います。
2 ★からスタジアムまでは、「2区画まっすぐに行ってください」→「右に曲がってください」→「それはあなたの左手に見えます」と説明します。

# Unit 6

## 78ページ 聞いて練習のワーク

❶ (1) ○　(2) ×　(3) ×　(4) ○
❷ (1) ア、カ　(2) ウ、オ
(3) イ、カ、ク　(4) エ、キ、ケ

てびき ❶ I'd like ～. は「～をください」という意味です。(1) coffee は「コーヒー」、(2) juice は「ジュース」、(3) ice cream は「アイスクリーム」、(4) chocolate は「チョコレート」という意味です。
❷ What would you like? は「何をめしあがりますか」という意味です。答えるときは、I'd like ～.（～をください）と言います。

読まれた英語
❶ (1) I'd like coffee.
(2) I'd like juice.
(3) I'd like ice cream.
(4) I'd like chocolate.
❷ (1) What would you like, Takumi?
— I'd like a hamburger and ice cream.
(2) What would you like, Yumi?
— I'd like pizza and salad.
(3) What would you like, Koji?
— I'd like curry and rice, ice cream, and coffee.
(4) What would you like, Nana?
— I'd like French fries, a parfait, and tea.

## 79ページ まとめのテスト

1 (1) milk　(2) parfait
(3) tea　(4) cake
(5) mineral water
2 (1) What would you like?
(2) I'd like pizza and coffee.

てびき 1 (1)「牛乳（ぎゅうにゅう）」は milk、(2)「パフェ」は parfait、(3)「紅茶（こうちゃ）」は tea、(4)「ケーキ」は cake、(5)「ミネラルウォーター」は mineral water と言います。
2 (1)「何をめしあがりますか」は What would you like? と言います。
(2)「～をください」は I'd like ～. と言います。

## 84ページ 聞いて練習のワーク

❶ (1) ○　(2) ×　(3) ○　(4) ×
❷ (1) 600　(2) 820　(3) 550

てびき ❶ (1) thirty は「30」、(2) sixty は「60」、(3) one hundred は「100」、(4) eighteen は「18」という意味です。
❷ How much is it? は「いくらですか」という意味です。It's ～ yen. は「～円です」という意味です。

読まれた英語
❶ (1) thirty
(2) sixty
(3) one hundred
(4) eighteen
❷ (1) I'd like a hamburger and milk.　How much is it?
— It's 600 yen.
(2) I'd like salad and juice.　How much is it?
— It's 820 yen.
(3) I'd like ice cream and tea.　How much is it?
— It's 550 yen.

## 85ページ まとめのテスト

**1** (1) fifty

(2) ninety

(3) forty-six

(4) eighty-eight

**2** (1) like (2) How

(3) It's

てびき **1** (1)「50」は fifty、(2)「90」は ninety、(3)「46」は forty-six、(4)「88」は eighty-eight です。

**2** (1)「～をください」は I'd like ～. と言います。

(2)「いくらですか」は How much is it? と言います。

(3)「～円です」は It's ～ yen. と言います。

# Unit 7

## 92ページ 聞いて練習のワーク

**1** (1) ○ (2) × (3) × (4) ○

**2**

| | 名前 | 行きたい場所 | そこに行きたい理由 |
|---|---|---|---|
| (1) | Mary | ( イ ) | ( オ ) |
| (2) | Tom | ( ア ) | ( キ ) |
| (3) | Anna | ( ウ ) | ( エ ) |

てびき **1** (1) winter は「冬」、(2) summer は「夏」、(3) swim は「泳ぐ」、(4) eat は「食べる」という意味です。

**2** Where do you want to go in Japan? は「あなたは日本でどこに行きたいですか」という意味です。Why do you want to go to ～? は「あなたはなぜ～に行きたいのですか」という意味です。

### 読まれた英語

**1** (1) winter
(2) summer
(3) swim
(4) eat

**2** (1) Mary, where do you want to go in Japan?
— I want to go to Kyoto in summer.
Why do you want to go to Kyoto?
— I want to see fireworks.

(2) Tom, where do you want to go in Japan?
— I want to go to Sapporo in spring.
Why do you want to go to Sapporo?
— I want to see the cherry blossoms.

(3) Anna, where do you want to go in Japan?
— I want to go to Hirosaki in fall.
Why do you want to go to Hirosaki?
— I want to go to temples.

## 93ページ まとめのテスト

**1** (1) 魚つりに行く　(2) 雪まつりを見る

**2** (1) Where do you want to go in Japan?

(2) I want to go to Kyoto.

(3) Why do you want to go to Kyoto?

(4) I want to buy food.

てびき

**1** (1) go fishing は「魚つりに行く」、(2) see the snow festival は「雪まつりを見る」という意味です。

**2** (1)「あなたは～でどこに行きたいですか」は Where do you want to go in ～? と言います。

(2)「わたしは～に行きたいです」は I want to go to ～. と言います。

(3)「あなたはなぜ～に行きたいのですか」は Why do you want to go to ～? と言います。

(4)「わたしは～を買いたいです」は I want to buy ～. と言います。

## 98ページ 聞いて練習のワーク

**1** (1) イ　(2) ウ　(3) ア　(4) エ

**2** (1) エ　(2) イ　(3) ア

てびき

**1** (1) interesting は「おもしろい」、(2) beautiful は「美しい」、(3) good は「良い、おいしい」、(4) famous は「有名な」という意味です。

**2** What do you want to do in ～? は「あなたは～で何をしたいですか」という意味です。I want to ～. は「わたしは～したいです」という意味です。

読まれた英語

**1** (1) interesting

(2) beautiful

(3) good

(4) famous

**2** (1) Mike, what do you want to do in Kyoto?

— I want to go fishing.

(2) Lisa, what do you want to do in Nara?

— I want to go to temples.

(3) John, what do you want to do in Lake Biwa?

— I want to see fireworks.

## 99ページ まとめのテスト

**1** (1) 円　(2) 正方形
(3) 人気のある　(4) わくわくさせる

**2** (1) What do you want to do in Tokyo?
(2) I want to go to Ueno Zoo.
(3) It's amazing.

てびき **1** (1) circle は「円」、(2) square は「正方形」、(3) popular は「人気のある」、(4) exciting は「わくわくさせる」という意味です。
**2** (1)「あなたは～で何をしたいですか」は What do you want to do in ～? と言います。
(2)「わたしは～したいです」は I want to ～. と言います。
(3) 感想や様子をつけ加えるときは、It's ～. と言います。「～」には感想や様子を表すことばが入ります。

# Unit 8

## 108ページ 聞いて練習のワーク

**1** (1) ○　(2) ×　(3) ○　(4) ×

**2**

| | 名前 | あこがれの人 | 職業 | 得意なこと |
|---|---|---|---|---|
| (1) | Nana | お父さん | （ カ ） | （ キ ） |
| (2) | Koji | （ イ ） | 先生 | （ ケ ） |
| (3) | Yumi | （ ウ ） | （ オ ） | 英語を話すこと |

てびき **1** (1) baker は「パン焼き職人（しょくにん）」、(2) programmer は「プログラマー」、(3) scientist は「科学者」、(4) police officer は「警察官（けいさつかん）」という意味です。
**2** Who is your hero? は「あなたのヒーローはだれですか」という意味です。He [She] is good at ～. は「彼（かれ）は［彼女（かのじょ）は］～（をすること）が得意（とくい）です」という意味です。

### 読まれた英語

**1** (1) He is a baker.
(2) He is a programmer.
(3) He is a scientist.
(4) She is a police officer.

**2** (1) Nana, who is your hero?
— My hero is my father. He is a doctor. He is good at fishing.
(2) Koji, who is your hero?
— My hero is my sister. She is a teacher. She is good at singing.
(3) Yumi, who is your hero?
— My hero is my mother. She is a researcher. She is good at speaking English.

## 109ページ まとめのテスト

**1** (1) Who (2) mother

(3) friendly (4) cooking

**2** (1) Why is he your hero?

(2) He is brave.

てびき **1** (1)「あなたのヒーローはだれですか」は Who is your hero? と言います。

(2)「お母さん」は mother と言います。

(3)「友好的な」は friendly と言います。

(4)「彼女は～（すること）が得意です」は She is good at ～. と言います。「～」に動作を表すことばを置くときは、ことばの最後に ing がついた形にします。「料理をする」は cook と言います。

**2** (1)「彼はなぜあなたのヒーローなのですか」は Why is he your hero? と言います。

(2)「彼は勇敢（ゆうかん）です」は He is brave. と言います。

## 110～111ページ プラスワーク

1 (1) (2) (3)

2 (1) (2) (3)

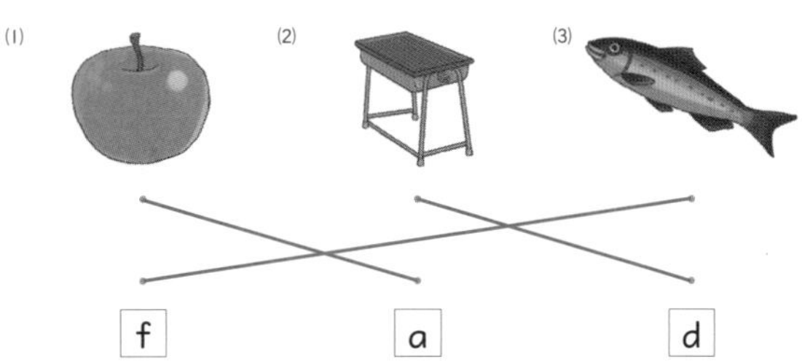


3 (1) × (2) ○

4 (1) ウ (2) ア

てびき 下線部の文字に注意しましょう。

1 (1) boy（男の子）、bed（ベッド）

(2) house（家）、hot（暑い）

(3) red（赤）、rice（ご飯、米）

2 (1) apple（リンゴ）

(2) desk（机（つくえ））

(3) fish（魚）

3 (1) cat（ネコ）、pig（ブタ）

(2) pen（ペン）、ten（10）

4 (1) fun（楽しいこと）、fox（キツネ）、sunny（晴れている）、run（走る）

(2) dog（イヌ）、frog（カエル）、box（箱）、hat（(ふちのある) ぼうし）

### 読まれた英語

1 (1) boy, bed

(2) house, hot

(3) red, rice

2 (1) apple

(2) desk

(3) fish

3 (1) cat, pig

(2) pen, ten

4 (1) fun

ア fox

イ sunny

ウ run

(2) dog

ア frog

イ box

ウ hat

# 実力判定テスト 答えとてびき

## 夏休みのテスト

**1** (1) ×　(2) ○　(3) ○　(4) ×

**2**

**3** (1) オ　(2) イ　(3) エ　(4) ウ

**4** (1) 8 月 5 日　(2) 音楽　(3) ギター　(4) ピアノ

**5** (1) Nice　(2) don't like

(3) Can　(4) can't

**6**

My name is Mary.
My birthday is
December 30th.
I want a new computer
for my birthday.
I can cook well.

**てびき**

**1** (1) dodgeball は「ドッジボール」、(2) science は「理科」、(3) horse は「ウマ」、(4) mug は「マグカップ」という意味です。

**2** What subject do you like? は「あなたは何の教科が好きですか」、What food do you like? は「あなたは何の食べ物が好きですか」という意味です。I like ～. (わたしは～が好きです) と答えます。like のあとに続くことばに注意しましょう。

**3** What do you want for your birthday? は「あなたは誕生日に何がほしいですか」という意味です。I want ～. (わたしは～がほしいです) と答えます。

**4** My name is ～. は「わたしの名前は～です」という意味です。
My birthday is ～. は「わたしの誕生日は～です」という意味です。日付は〈月〉〈日〉の順に言います。
I like ～. は「わたしは～が好きです」という意味です。
I can ～. は「わたしは～することができます」、I can't ～. は「わたしは～することができません」という意味で、「～」には動作を表すことばを入れます。

**5** (1)「はじめまして」は Nice to meet you. と言います。
(2)「わたしは～が好きではありません」は I don't like ～. と言います。
(3)「あなたは～することができますか」は Can you ～? と言います。
(4) Can you ～? には、Yes, I can. (はい、できます) や、No, I can't. (いいえ、できません) で答えます。

**6** My birthday is ～. は「わたしの誕生日は～です」という意味です。「12 月」は December と言います。
I want ～. は「わたしは～がほしいです」という意味です。「コンピューター」は computer と言います。
I can ～ well. は「わたしは上手に～することができます」という意味です。「料理をする」は cook と言います。

### 読まれた英語

**1** (1) dodgeball
(2) science
(3) horse
(4) mug

**2** (1) What subject do you like, Mika?
—I like music.
What food do you like?
—I like hamburgers.
(2) What subject do you like, Haruto?
—I like English.
What food do you like?
—I like curry and rice.
(3) What subject do you like, Risako?

—I like math.
What food do you like?
—I like grilled fish.

**3** (1) What do you want for your birthday?
—I want a cap.
(2) What do you want for your birthday?
—I want soccer shoes.
(3) What do you want for your birthday?
—I want a new T-shirt.
(4) What do you want for your birthday?
—I want comic books.

**4** Hi. My name is Tom. My birthday is August 5th. I like music. I can play the guitar. But I can't play the piano.

## 冬休みのテスト

**1** (1) × (2) ○ (3) ○ (4) ×

**2**

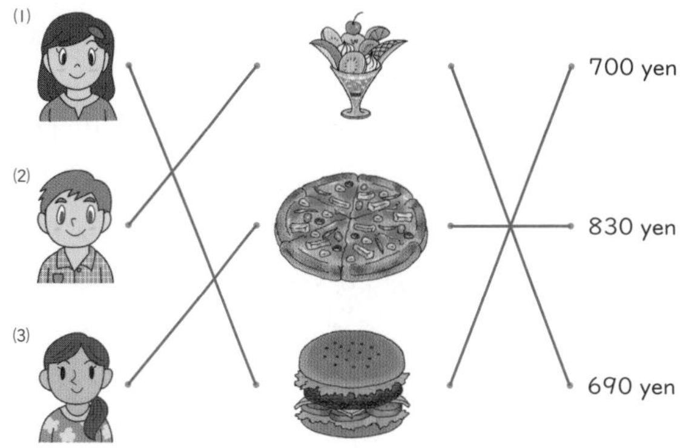


**3** (1) エ (2) ア (3) オ (4) イ

**4** (1) ウ (2) イ (3) ア (4) オ

**5** (1) Who (2) How
(3) What (4) see

**6**
(1) This is my grandmother.
She is kind.
She can sing well.
(2) This is my friend.
He is active.
He can run fast.

**てびき**

**1** (1) police station は「警察署(けいさつしょ)」、(2) fly は「飛ぶ」、(3) fifty は「50」、(4) tea は「紅茶(こうちゃ)、茶」という意味です。

**2** I'd like ~. は「~をください」、How much is it? は「いくらですか」という意味です。It's ~ yen. (~円です) などと答えます。

**3** What do you have in your town? は「あなたの町には何がありますか」という意味です。We have ~. (~があります) と答えます。

**4** Where is ~? は「~はどこですか」という意味です。Go straight for ~ block(s). (~区画まっすぐに行ってください)、Turn right[left]. (右に[左に]曲がってください)、You can see it on your left[right]. (それはあなたの左[右]手に見えます) などと答えます。

**5** (1)「こちらはだれですか」は Who is this? と

言います。
(2)「いくらですか」は How much is it? と言います。
(3)「何をめしあがりますか」は What would you like? と言います。
(4)「それはあなたの右手に見えます」は You can see it on your right. と言います。

**6** (1) This is ～. は「こちらは～です」という意味です。「祖母」は grandmother と言います。She can ～. は「彼女は～することができます」という意味です。「上手に歌う」は sing well と言います。
(2) He is ～. は「彼は～です」という意味です。「活動的」は active と言います。

### 読まれた英語

**1** (1) police station
(2) fly
(3) fifty
(4) tea

**2** (1) I'd like a hamburger. How much is it?
—It's 700 yen.
(2) I'd like a parfait. How much is it?
—It's 690 yen.
(3) I'd like pizza. How much is it?
—It's 830 yen.

**3** (1) What do you have in your town, Riku?
—We have a good park.
(2) What do you have in your town, Tom?
—We have a nice restaurant.
(3) What do you have in your town, Sae?
—We have a famous museum.
(4) What do you have in your town, Emma?
—We have a famous aquarium.

**4** (1) Where is the post office?
—Go straight for one block. Turn right. You can see it on your left.
(2) Where is the supermarket?
—Go straight for one block. Turn left. Go straight for one block. Turn right. You can see it on your left.
(3) Where is the zoo?
—Go straight for two blocks. Turn left. You can see it on your right.
(4) Where is the church?
—Turn right. Go straight for one block. Turn left. You can see it on your right.

## 学年末のテスト

**1** (1) ×　(2) ○　(3) ×　(4) ○

**2**

**3**

| | | | |
|---|---|---|---|
| (1) Hikaru | 行きたい場所 ( エ ) / したいこと ( コ ) | (2) Shiori | 行きたい場所 ( ウ ) / したいこと ( ケ ) |
| (3) Toru | 行きたい場所 ( イ ) / したいこと ( キ ) | (4) Miyu | 行きたい場所 ( オ ) / したいこと ( カ ) |

**4** (1) 姉 [妹]　(2) 親切
(3) ピアノをひく　(4) 料理をする

**5** (1) Where　(2) Turn
(3) What　(4) I'd

**6**

Hello, my name is Sam.
I like sushi.
I want to go to Niigata.
I want to see fireworks.
I want to eat delicious sushi.

**てびき**

**1** (1) bag は「かばん」、(2) colorful は「色あざやかな」、(3) blue は「青」、(4) rugby は「ラグビー」という意味です。

**2** This is ～. は「こちらは～です」、He [She] is ～. は「彼[彼女]は～です」、He [She] is good at ～. は「彼[彼女]は～が得意です」という意味です。

**3** Where do you want to go in Japan? は「あなたは日本でどこに行きたいですか」という意味です。答えるときは I want to go to ～.（わたしは～（場所）に行きたいです）と言います。季節も答えるときは、最後に〈in＋季節〉を続けます。Why do you want to go to ～? は「あなたはなぜ～（場所）に行きたいのですか」という意味です。答えるときは I want to ～.（わたしは～したいです）と言います。

**4** Who is your hero? は「あなたのヒーローはだれですか」という意味です。答えるときは My hero is ～.（わたしのヒーローは～です）と言います。Why is she [he] your hero? は「彼女[彼]はなぜあなたのヒーローなのですか」という意味です。答えるときは She [He] is ～.（彼女[彼]は～です）などと言います。Can she [he] ～? は「彼女[彼]は～することができますか」という意味です。答えるときは Yes, she [he] can.（はい、できます）や、No, she [he] can't.（いいえ、できません）と言います。She [He] is good at ～. は「彼女[彼]は～が得意です」という意味です。

**5** (1)「～はどこですか」は Where is ～? と言います。

(2)「右に曲がってください」は Turn right. と言います。

(3)「何をめしあがりますか」は What would you like? と言います。

(4)「～をください」とお店で注文するときは I'd like ～. と言います。

**6** 「わたしは～が好きです」は I like ～. と言います。

I want to ～. は「わたしは～したいです」という意味です。「花火を見る」は see fireworks と言います。「とてもおいしい」は delicious と言います。

## 読まれた英語

**1** (1) bag
(2) colorful
(3) blue
(4) rugby

**2** (1) This is my father. He is a scientist. He is good at fishing.
(2) This is my mother. She is a baker. She is good at playing badminton.
(3) This is my brother. He is a programmer. He is good at singing.

**3** (1) Where do you want to go in Japan, Hikaru?
—I want to go to Gifu in summer.
Why do you want to go to Gifu?
—I want to eat *dango*.
(2) Where do you want to go in Japan, Shiori?
—I want to go to Nara in spring.
Why do you want to go to Nara?
—I want to see the cherry blossoms.
(3) Where do you want to go in Japan, Toru?
—I want to go to Hokkaido in winter.
Why do you want to go to Hokkaido?
—I want to see the Snow Festival.
(4) Where do you want to go in Japan, Miyu?
—I want to go to Kyoto in fall.
Why do you want to go to Kyoto?
—I want to see temples.

**4** Who is your hero, Sana?
—My hero is my sister.
Why is she your hero?
—She is kind.
Can she play the guitar?
—No, she can't. She can play the piano. She is good at cooking.

## 単語リレー

❶ family
❷ father
❸ sister
❹ steak
❺ spaghetti
❻ fried chicken
❼ recorder
❽ guitar
❾ drum
❿ dodgeball
⓫ badminton
⓬ volleyball
⓭ chair
⓮ glove
⓯ calendar
⓰ English
⓱ Japanese
⓲ math
⓳ Sunday
⓴ Wednesday
㉑ Friday
㉒ spring
㉓ summer
㉔ fall
㉕ winter
㉖ January
㉗ July
㉘ December
㉙ America
㉚ Japan
㉛ doctor
㉜ teacher
㉝ gym
㉞ station
㉟ big
㊱ kind
㊲ like
㊳ go to school



3 2 1 0 9 8 7 6 5 4
＊ ＊ D C B A